MANUAL PRÁTICO SOBRE A
LEI GERAL DE PROTEÇÃO DE DADOS PESSOAIS (Lei nº 13.709/18).

Atualizado com a Medida Provisória nº 869/18

MACIEL, Rafael Fernandes. Manual
Prático sobre a Lei Geral de Proteção de
Dados Pessoais (Lei nº 13.709/18). RM
Digital Education. 1ª Edição. Goiânia –
GO. 2019. ISBN: 9781093409420

Dedico esse livro à minha esposa Luciana, meu porto seguro. Aos meus pais que sempre me incentivaram à escrita, e às minhas filhas Caetana e Maria Rita, fãs incondicionais.

CONTEÚDO

I. INTRODUÇÃO

1. Contexto histórico

Para compreendermos a Lei Geral de Proteção de Dados Pessoais no Brasil, fundamental fazermos uma volta ao passado e encararmos como a privacidade tornou-se um direito fundamental, sujeito à proteção pelo estado jurisdicional e como permaneceu ou, até mesmo, tornou-se ainda mais importante com o avanço das tecnologias.

Essa investigação histórica nos ajuda a confirmar o fato de ser a privacidade um valor desejado hoje, ainda que alguns, há pouco tempo, tenham sustentado que em troca dos benefícios proporcionados pela miríade de serviços gratuitos na Internet, as pessoas renunciariam, ou não se importariam, com a violação a esse direito. Além do mais, nos permite entender as razões históricas da construção normativa, facilitando a compreensão de alguns princípios que foram estampados nas principais legislações sobre o tema ao redor do mundo.

Em 1824, a Constituição do Império reconhecia um certo direito à privacidade, ao proteger o "segredo da carta" e a "inviolabilidade da casa". No entanto, naquele momento, a privacidade estava submetida a um conceito mais lastreado na propriedade, ou seja, a carta magna protegia o meio físico e não o conteúdo em si. Por isso, vê-se apenas referência ao sigilo da correspondência e à inviolabilidade do domicílio. Perceba-se que não há uma proteção da privacidade por si só, pelo seu conteúdo ou por um aspecto mais subjetivo. O que se protegia ali era a invasão, o ato de romper barreiras físicas.

É em 1890 que dois advogados americanos, Samuel Warren e Louis Brandeis, escrevem o emblemático artigo "The Right to Privacy" publicado na Harvard Law Review[1]. Esse artigo é considerado por muitos como o que mais influenciou o direito à privacidade. O interesse em divulgar fatos da vida privada de forma sensacionalista e fofocas cada vez mais sendo estampadas nos jornais (Yellow Jornalism) - que ganhavam ainda mais circulação (1000% entre 1850 e 1890) –, somados ao avanço tecnológico com o uso de câmeras fotográficas portáteis, motivou os advogados a levantar a necessidade de se pensar em um direito à privacidade mais amplo e não apenas sobre meios físicos, como o sigilo da carta ou a violação de domicílio. A Lei de difamação protegia contra informação falsa e não contra informações verdadeiras, porém privadas. A Lei dos contratos protegia as relações formadas entre as partes, mas não protegia contra invasões perpetradas por terceiros. Era preciso, segundo os autores, que a lei assegurasse aos indivíduos em qual extensão desejassem comunicar seus pensamentos, sentimentos e emoções para outros. Esses direitos não eram baseados em propriedade, mas em um *"direito geral de o indivíduo ser deixado só"* e sua violação configuraria um delito ao direito da personalidade, sujeito a medidas judiciais apropriadas.

Com a Declaração Universal dos Direitos Humanos, o mundo viu reconhecido um direito de inviolabilidade à vida privada ser alçado a um direito fundamental do homem. O artigo 12 da Declaração estatui que: *"Ninguém será sujeito à interferência em sua vida privada, em sua família, em seu lar ou em sua correspondência, nem a ataque à sua honra e reputação. Todo ser humano tem direito à proteção da lei contra tais interferências ou ataques".*

[1] https://www.cs.cornell.edu/~shmat/courses/cs5436/warren-brandeis.pdf. Acessado em 05/04/2019

Em 1970, no Estado Alemão de Hesse, surge a primeira lei mundial de proteção aos dados pessoais, em uma década em que começam a surgir inúmeras legislações de proteção, com o reconhecimento de que os *"dados pessoais constituem uma projeção da personalidade do indivíduo e que, portanto, merecem uma tutela forte"* (SCHERTEL, 2011)[2].

Em 1981 o Conselho da Europa aprovou o *Data Protection Convention* (Treaty 108), tornando-se o primeiro instrumento legal internacional que visa proteger o indivíduo contra abusos na coleta e no processamento de dados pessoais, regulando o fluxo transfronteiriço.

Ainda mais relevante, em 1983, na Alemanha, a Corte Constitucional reconheceu o direito à autodeterminação informacional, declarando inconstitucional a Lei do Censo no tocante à obrigatoriedade de os cidadãos fornecerem os dados, sob pena de multa, permitindo ainda que os mesmos fossem compartilhados entre órgãos públicos federais. Nos dizeres de Laura Schertel:

> "A sentença da Corte Constitucional, na sua formulação de um direito à autodeterminação da informação, criou o marco para a teoria da proteção de dados pessoais e para as subsequentes normas nacionais e europeias sobre o tema, ao reconhecer um direito subjetivo fundamental e alçar o indivíduo a protagonista no processo de tratamento de seus dados. Dessa forma, o grande mérito do julgamento reside na consolidação da ideia de que a proteção de dados pessoais baseia-se em um direito subjetivo fundamental, que deve ser concretizado pelo legislador e que não pode ter o seu núcleo fundamental violado. Isso significa uma limitação ao poder legislativo, que passa a estar vinculado à

---

[2] SCHERTEL MENDES, Laura. O Direito Fundamental à proteção de dados pessoais. Revista de Direito do Consumidor, vol. 79/2011. Editora RT.

configuração de um direito à autodeterminação da informação."3

Entrando na década de 1990, começam a surgir, no Brasil, diplomas legais alçando a proteção dos dados pessoais a outro patamar jurídico.

Em 1990, o Código de Defesa do Consumidor (Lei nº 8.078/90), regulou o uso de banco de dados de consumidores. Previu o direito de o consumidor ter acesso a "*informações existentes em cadastros, fichas, registros e dados pessoais e de consumo arquivados sobre ele*", permitindo a correção em caso de inexatidão e, embora não tenha previsto o consentimento para coletar tais dados, exigiu que o consumidor seja informado sobre a abertura do cadastro. Em 1996 a Lei de Interceptação Telefônica e Telemática (Lei nº 9.296/96) reconheceu o direito à privacidade, ao restringir o uso de tal método investigativo a determinadas hipóteses e sempre sob o amparo de uma ordem judicial. Em 1997, a Lei do Habeas Data (Lei nº 9.507/97) foi promulgada, regulando o direito constitucional e o rito de acesso e correção de informações pessoais.

Nos meados da década de 90, na Europa, mais precisamente em 1995, foi aprovada a Diretiva nº 46 da União Europeia. Um diploma amplo visando a proteção de dados pessoais e que foi um dos mais propalados ao redor do mundo até a aprovação do *GDPR – General Data Protection Regulation*. A diretiva, embora não tivesse força legal perante os países membros, serviu de baliza para legislações nacionais, bem como teve seus princípios mais relevantes mantidos no GDPR.

---

3 Ob cit.

Em 2002, o Código Civil Brasileiro trouxe, finalmente, um capítulo sobre os Direitos da Personalidade, incluindo a vida privada e fornecendo instrumentos para coibir a violação de tal direito. A relevância dessa inclusão, ainda que tardia, revela a privacidade como um direito subjetivo e não focado no direito à propriedade.

No mesmo ano, na União Europeia, foi aprovado o ePrivacy Directive, instrumento jurídico equivalente à Diretiva 46, ou seja, sem força obrigatória entre os países membros, porém adotada como norte legal para a implementação de proteção aos dados pessoais coletados e tratados em meio eletrônico. Atualmente a Europa discute a aprovação do Regulamento sobre ePrivacy, tornando tais disposições obrigatórias, tal como o GDPR.

Em 2011, no Brasil, duas importantes legislações foram aprovadas. A Lei do Cadastro Positivo e a Lei de Acesso à Informação.

A Lei nº 12.414/11 (Cadastro Positivo) foi criada visando à formação e consulta a banco de dados com informações de adimplemento, de pessoas naturais ou jurídicas, para formação de histórico de crédito. A inclusão do nome do consumidor, todavia, dependeria de sua aprovação prévia. Com a aprovação da Lei Geral de Proteção de Dados Pessoais, que incluiu a proteção do crédito como base legal para tratamento dos dados pessoais em seu artigo 7º, restou necessário adequar a Lei do Cadastro Positivo. E foi o que ocorreu com a aprovação da Lei Complementar nº 166 de 08 de abril de 2019.

Assim, a partir da sua entrada em vigor, as pessoas físicas e jurídicas (cadastrados) serão inscritas automaticamente, sem necessidade de consentimento prévio, assegurando, todavia, o direito de exclusão e respeitado o princípio da finalidade. Interessante que para fornecer o histórico de crédito (*"conjunto de dados financeiros e de pagamentos, relativos às operações de crédito e obrigações de pagamento adimplidas ou em andamento por pessoa natural ou jurídica."*) do cadastrado para um consulente é preciso de autorização específica do cadastrado.

Sem consentimento poderá: (a) abrir cadastro em banco de dados com informações de adimplemento de pessoas naturais e jurídicas; (b) fazer anotações no cadastro; (c) compartilhar as informações cadastrais e de adimplemento armazenadas com outros bancos de dados; (d) fornecer *"a nota ou pontuação de crédito elaborada com base nas informações de adimplemento armazenadas;"*. Fica resguardado o direito também à exclusão dos dados.

A Lei de Acesso à Informação, Lei nº 12.527/11, trouxe a definição de informação pessoal como sendo aquela relacionada à pessoa natural identificada ou identificável, determinando aos órgãos e entidades do poder público a proteção da informação sigilosa e pessoal, observando a sua *"disponibilidade, autenticidade, integridade e eventual restrição de acesso"*. Na Seção V da norma, há um capítulo próprio sobre as informações pessoais, definindo princípios e direitos que posteriormente serão vistos na LGPD, como o da transparência e o respeito à intimidade, vida privada, honra e imagem das pessoas, bem como às liberdades e garantias individuais.

No final de 2012 foi aprovada a Lei nº 12.737/12, conhecida como Lei Carolina Dieckman, que no contexto de normas sobre dados pessoais, é relevante apenas no sentido de que criminaliza a invasão de dispositivos informáticos, *"com o fim de obter, adulterar ou destruir dados ou informações sem autorização expressa ou tácita do titular do dispositivo ou instalar vulnerabilidades para obter vantagem ilícita"*, prevendo aumento de pena no caso de da invasão *"resultar a obtenção de conteúdo de comunicações eletrônicas privadas"*.

No primeiro semestre de 2013, em comemoração ao Dia do Consumidor, foi editado o Decreto nº 7.962/13 – Decreto do Comércio Eletrônico. Ele, na realidade, foi uma transposição de parte do texto do PLS 281, de 2012, que visava atualizar o código consumerista. Como não pôde inovar, o decreto apenas regulamentou alguns pontos da lei, dentre eles determinou ao fornecedor a utilização de mecanismos de segurança eficazes para o pagamento e para o *tratamento de dados* do consumidor. Isso trouxe a obrigatoriedade de implementação de medidas técnicas adequadas para a sua consecução.

Ainda em 2013 o Mundo presenciou os acontecimentos catalisadores da pressa pela renovação das legislações de proteção de dados em vários países do mundo, bem como para uma maior consciência sobre a necessidade de proteger as informações pessoais.

A divulgação, por Edward Snowden, então analista da NSA (National Security Agency)[4], dos detalhes dos programas utilizados para monitoramento e vigilância global das informações trafegadas pela web, por intermédio do software PRISM e outros correlatos, chocou o mundo e, não diferente, os brasileiros menos afetos a tecnologia, que descobriram o quão vulnerável é a privacidade em um ambiente digital. A agência americana, que dizia apenas utilizar tais mecanismos para o combate, notadamente, ao terrorismo, viu-se em situação constrangedora após as denúncias, trazendo problemas inclusive de ordem diplomática. Isso porque o sistema de monitoramento utilizado pela NSA e denunciado por Snowden estava

[4] Agência de Segurança Nacional.

coletando informações em massa, em um estado de supervigilância inimaginável até por George Orwell[5]. Restou evidenciado que o software utilizado pela agência não apenas vigiava potenciais terroristas, mas todo e qualquer cidadão e, o que chamou ainda mais atenção: estava sendo utilizado para espionar outros países - para utilização política - e empresas estrangeiras - para fins concorrenciais.

Quando noticiado, no início de setembro de 2013[6], que a então Presidente da República, Dilma Rousseff, e seus principais assessores haviam sido alvos diretos de espionagem da agência americana, uma das ações tomadas pelo governo brasileiro foi a de colocar a tramitação do PL 2126/11 (Marco Civil da Internet) sob regime de urgência, como uma forma de "resposta à espionagem"[7]. Ainda que o texto do Marco Civil - nem mesmo a versão surgida no calor do caso Snowden[8] - não trouxesse qualquer proteção

---

[5] George Orwell foi autor do best-seller 1984, no qual ele faz um retrato de um estado fictício que teria o controle sobre todas as informações dos cidadãos, podendo até mesmo alterar notícias passadas para justificar políticas e discursos proferidos.

"é um romance distópico publicado em 1949 pelo autor inglês George Orwell.[1][2] O romance é ambientado na "Pista de Pouso Número 1" (anteriormente conhecida como Grã-Bretanha), uma província do superestado da Oceania, em um mundo de guerra perpétua, vigilância governamental onipresente e manipulação pública e histórica. Os habitantes deste superestado são ditados por um regime político totalitário eufemisticamente chamado de "Socialismo Inglês", encurtado para "Ingsoc" na novilíngua, a linguagem inventada pelo governo. O superestado está sob o controle da elite privilegiada do Partido Interno, um partido e um governo que perseguem o individualismo e a liberdade de expressão como "crime de pensamento", que é aplicado pela "Polícia do Pensamento". (https://pt.wikipedia.org/wiki/Nineteen_Eighty-Four) Acessado em 06 de agosto de 2017.

[6] http://g1.globo.com/mundo/noticia/2013/07/entenda-o-caso-de-edward-snowden-que-revelou-espionagem-dos-eua.html (acessado em 06.08.2017)

[7] http://www12.senado.leg.br/emdiscussao/edicoes/espionagem-cibernetica/propostas-senadores-querem-inteligencia-forte/marco-civil-da-internet-foi-reacao-brasileira-a-denuncias-de-snowden (acessado em 06.08.2017)

[8] Durante a tramitação do Marco Civil inúmeras emendas, como é natural, foram apresentadas, algumas, no entanto, chamaram bastante atenção e que foram propostas no calor do caso Snowden, como a de exigir dos provedores de aplicações a instalação de *data*

real à espionagem internacional, fato é que os valores nele trazidos, sobretudo relacionados à privacidade e à proteção dos registros de conexão e de acesso a aplicações, iriam ao encontro dos valores afrontados pela prática de vigilância em massa e que motivaram Edward Snowden a arriscar sua própria vida ao dar-lhe publicidade.

Não há dúvida de que o fator Snowden agilizou a tramitação do MCI. Embora de constatação não tão direta, as manifestações populares de junho também tiveram seu fator de contribuição, dada a presença de ativistas digitais durante elas, nas quais reivindicavam claramente a aprovação de uma carta de direitos dos usuários da internet. As passeatas, como não tinham pauta definida, geraram uma sanha legislativa na tentativa de acalmar os ânimos. O Marco Civil da Internet, nesse sentido, acabou sendo deveras oportuno aos parlamentares.

Foi com o Marco Civil da Internet que o Brasil passou a constar em seu sistema jurídico a palavra "privacidade". Embora curioso, esse fato nada inova, já que "vida privada", no frigir dos ovos, possui o mesmo sentido. Com o MCI entrando em vigor em 2014, a internet no Brasil passou a ser melhor disciplinada, prevendo como princípios a proteção da privacidade e dos dados pessoais (art. 3º), bem como garantindo aos usuários, dentre outros, os seguintes direitos (art. 7º):

---

centers no Brasil, ou a obrigatoriedade de utilização de um "e-mail nacional", que seria gerido pela Empresa Brasileira de Correios e Telégrafos. Essa última proposta não chegou a ser apresentada como emenda, mas foi editado o Decreto nº 8.135, de 4 de novembro de 2013, regulamentando a "comunicação de dados da administração pública federal direta, autárquica e fundacional". Não constou do decreto a sua gestão pelos Correios, porém era essa a sugestão inicial e constou, indiretamente, tal possibilidade ao afastar a exigência de licitação para *"a contratação de órgãos ou entidades da administração pública federal, incluindo empresas públicas e sociedades de economia mista da União e suas subsidiárias"* (http://www.senado.gov.br/noticias/jornal/arquivos_jornal/arquivosPdf/140714-emdiscussao-espionagem.pdf)

VII - não fornecimento a terceiros de seus dados pessoais, inclusive registros de conexão, e de acesso a aplicações de internet, salvo mediante consentimento livre, expresso e informado ou nas hipóteses previstas em lei;

VIII - informações claras e completas sobre coleta, uso, armazenamento, tratamento e proteção de seus dados pessoais, que somente poderão ser utilizados para finalidades que:

a) justifiquem sua coleta;

b) não sejam vedadas pela legislação;

c) estejam especificadas nos contratos de prestação de serviços ou em ermos de uso de aplicações de internet.

X - exclusão definitiva dos dados pessoais que tiver fornecido a determinada aplicação de internet, a seu requerimento, ao término da relação entre as partes, ressalvadas as hipóteses de guarda obrigatória de registros previstas nesta Lei;[9]

O MCI estabeleceu, na Seção II do Capítulo III, regramento para guarda e disponibilização dos dados pessoais, demandando ordem judicial para acesso ao conteúdo e ainda trouxe os princípios da finalidade e adequação, vedando a guarda, por provedores de aplicações, dos *"registros de acesso a outras aplicações de internet sem que o titular dos dados tenha consentido previamente"* e *"dados pessoais que sejam excessivos em relação à finalidade para a qual foi dado consentimento pelo seu titular"* (art. 16).

Tais princípios e obrigações já seguiam o previsto nas melhores legislações de proteção de dados ao redor do mundo, sobretudo a

---

[9] A LGPD alterou essa redação para: X - exclusão definitiva dos dados pessoais que tiver fornecido a determinada aplicação de internet, a seu requerimento, ao término da relação entre as partes, ressalvadas as hipóteses de guarda obrigatória de registros previstas nesta Lei e na que dispõe sobre a proteção de dados pessoais;

Diretiva 16/95 da União Europeia, e seriam incluídos na Lei Geral de Proteção de Dados Pessoais.

Em 2014, a Corte Europeia reconheceu aos titulares dos dados o direito ao esquecimento perante os buscadores, como forma de proteção dos dados pessoais, estabelecendo os seguintes critérios para remoção:

a) os dados são inexatos ou inadequados

b) não pertinentes ou excessivos

c) desatualizados

d) ou por terem sido conservados durante um período de tempo superior ao necessário, salvo se com finalidades históricas, estatísticas ou científicas.

Esse direito restou garantido no GDPR, porém, na LGDP não foi previsto dispositivo semelhante. Na realidade, entendo que deixar ao critério dos provedores a decisão sobre a retirada ou não de conteúdo é bastante temerário, devendo ser precedido sempre de ordem judicial, porquanto somente o juiz poderá ponderar os direitos em conflito, conforme modelo adotado no Brasil.

Em 2016, o General Data Protection Regulation (GDPR) foi aprovado e em 2018 ele entrou em vigor. Com sua entrada em vigor, em 25 de maio de 2018, os legisladores brasileiros viram-se pressionados a agilizar a votação de um projeto de lei de dados pessoais, caso contrário as empresas brasileiras teriam enorme dificuldade em realizar negócios com europeus, porquanto o país seria considerado não adequado para tratar dados de cidadãos que estiverem localizados na Europa.

Pouco antes, estourou o caso Cambridge Analytica, em que foram escancaradas operações irregulares com dados coletados de usuários do Facebook, pela empresa, para utilização política, tendo inclusive sido ventilada a possibilidade de uso para influenciar o Brexit, as eleições presidenciais dos Estados Unidos e também seria utilizado nas eleições de 2018 no Brasil. Com o uso irregular de dados pessoais, o Facebook foi escrutinado por diversos órgãos na Europa, nos Estados Unidos e até mesmo no Brasil, sendo obrigado a arcar com pesadas multas e a rever sua prática negocial. Esse episódio, sem dúvida, acelerou a apreciação do projeto de lei de Dados Pessoais, levando à sua sanção e publicação no dia 14 de agosto de 2018, sob o número 13.709/18, bem como fez com que os Estados Unidos passasse a discutir seriamente uma legislação federal sobre o tema, algo até então pouco debatido, havendo uma clara preferência pelo modelo de proteção setorial lá existente.

Em 2018 então, o Brasil passou a entrar no rol de países com uma legislação voltada à proteção de dados pessoais, claramente inspirada no regulamento europeu. Com vigência inicialmente prevista para o dia 16 de fevereiro de 2020, com a edição da Medida Provisória nº 869/18, tal prazo foi estendido por seis meses, passando para agosto do mesmo ano.

Finalizando esse contexto histórico, importante notar do gráfico abaixo[10] como a relevância do tema proteção de dados aumentou proporcionalmente à penetração da tecnologia da informação nas vidas das pessoas no decorrer das últimas 4 décadas:

---

[10] Fonte: IAPP - Ernst-Oliver Wilhelm (CIPP/E, CIPM, CIPT, FIP)

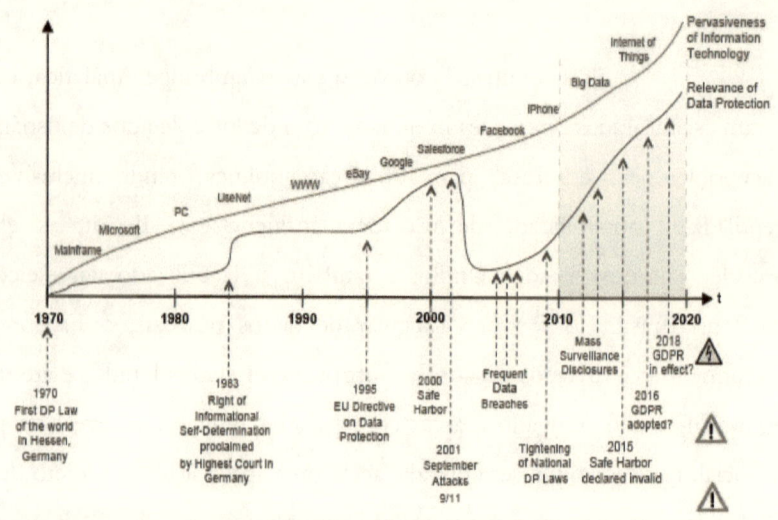

2. Definição e fundamentos

A LGPD adotou o modelo do regulamento europeu. Embora mais sucinta, seus pilares são praticamente os mesmos. Para tanto, o legislador adotou boa parte do PL 4060/12.

A lei busca um equilíbrio entre os novos modelos de negócio baseados no uso de dados pessoais e a proteção à privacidade, valor cada vez mais na pauta dos cidadãos a partir da divulgação cada vez maior de casos de uso indevido de tais informações.

A LGPD dispõe sobre o tratamento de dados pessoais por pessoa natural ou por pessoa jurídica de direito público ou privado, com o objetivo de proteger os direitos fundamentais de liberdade e de privacidade e o livre desenvolvimento da personalidade da pessoa natural, INCLUSIVE POR MEIO DIGITAL (art. 1º).

A LGPD traz como fundamentos para a utilização de dados pessoais:

I.   o respeito à privacidade;

II.   a autodeterminação informativa;

III.   a liberdade de expressão, de informação, de comunicação e de opinião;

IV.   a inviolabilidade da intimidade, da honra e da imagem;

V.   o desenvolvimento econômico e tecnológico e a inovação;

VI.   a livre iniciativa, a livre concorrência e a defesa do consumidor; e

VII.   os direitos humanos, o livre desenvolvimento da personalidade, a dignidade e o exercício da cidadania pelas pessoas naturais.

3. Âmbito de aplicação

A LGPD aplica-se a todas as operações de tratamento realizadas no Brasil, com o objetivo de ofertar bens, serviços ou tratar dados de indivíduos localizados no país ou ainda, que tenham sido coletados no território nacional.

Importante ter atenção no âmbito de aplicação trazido pelo artigo 3º. Como no GDPR, a lei não se aplica apenas a brasileiros, mas a todos aqueles que estão em solo nacional. Ou seja, se uma empresa estrangeira está ofertando serviços para brasileiros deverá atender à LGPD. Outro ponto importante é que a lei se aplica a pessoas naturais ou jurídicas, seja de direito privado ou público, com algumas flexibilizações para o setor público, como será visto mais adiante.

Há, todavia, algumas exceções. A LGPD não se aplica para:

- Tratamento realizado no Brasil e proveniente de fora do território nacional, desde que não seja objeto de comunicação ou compartilhamento com agentes de tratamento brasileiros ou objeto de transferências para países que não o de proveniência (esses devem ter grau de adequação);

- Pessoa natural utiliza para fins particulares e não econômicos;

- Fins jornalísticos ou artísticos;

- Acadêmicos;

- Segurança pública;

- Defesa nacional;

- Segurança do Estado;

- Atividades de investigação e repressão de infrações penais;

Para as hipóteses de segurança pública em geral (inciso III do artigo 4º), pessoa jurídica de direito privado apenas poderá tratar os dados desde que não o faça na sua totalidade e esteja sempre sob a tutela de pessoa jurídica de direito público, excluídas aquelas controladas pelo poder público (redação da MP 869). As exceções deixam de ser aplicáveis em caso de mudança da finalidade original.

4. Definições legais importantes

Para compreensão de toda a lei, mister é que se conheça as definições de seus conceitos, sobretudo porque a grande maioria está sendo introduzida no ordenamento jurídico pela primeira vez.

Deixaremos de fora desse capítulo a definição de dados pessoais, dados sensíveis, anônimos e pseudonimizados, porquanto serão abordados mais detalhadamente, em capítulo próprio. Outras definições serão aprofundadas no decorrer do livro, mas desde logo é fundamental ter em mente os seguintes conceitos trazidos pela LGPD:

- **Banco de dados:** conjunto estruturado de dados pessoais, estabelecido em um ou em vários locais, em suporte eletrônico ou físico.

- **Titular:** pessoa natural a quem se referem os dados pessoais que são objeto de tratamento.

- **Controlador:** pessoa natural ou jurídica, de direito público ou privado, a quem competem as decisões referentes ao tratamento de dados pessoais.

- **Operador** (Processor): pessoa natural ou jurídica, de direito público ou privado, que realiza o tratamento de dados pessoais em nome do controlador.

- **Encarregado** (DPO): pessoa indicada pelo controlador para atuar como canal de comunicação entre o controlador, os titulares dos dados e a Autoridade Nacional de Proteção de Dados (MP 869).

- **Agentes de tratamento:** o controlador e o operador.

- **Anonimização:** utilização de meios técnicos razoáveis e disponíveis no momento do tratamento, por meio dos quais um dado perde a possibilidade de associação, direta ou indireta, a um indivíduo.

- **Bloqueio:** suspensão temporária de qualquer operação de tratamento, mediante guarda do dado pessoal ou do banco de dados.

- **Eliminação**: exclusão de dado ou de conjunto de dados armazenados em banco de dados, independentemente do procedimento empregado.

- **Transferência internacional de dados**: transferência de dados pessoais para país estrangeiro ou organismo internacional do qual o país seja membro.

- **Uso compartilhado de dados**: comunicação, difusão, transferência internacional, interconexão de dados pessoais ou tratamento compartilhado de bancos de dados pessoais por órgãos e entidades públicos no cumprimento de suas competências legais, ou entre esses e entes privados, reciprocamente, com autorização específica, para uma ou mais modalidades de tratamento permitidas por esses entes públicos, ou entre entes privados.

- **Relatório de impacto à proteção de dados pessoais:** documentação do controlador que contém a descrição dos processos de tratamento de dados pessoais que podem gerar riscos às liberdades civis e aos direitos fundamentais, bem como medidas, salvaguardas e mecanismos de mitigação de risco.

- **Órgão de pesquisa**: órgão ou entidade da administração pública direta ou indireta ou pessoa jurídica de direito privado sem fins lucrativos legalmente constituída sob as leis brasileiras, com sede e foro no País, que inclua em sua missão institucional ou em seu objetivo social ou estatutário a pesquisa básica ou aplicada de caráter histórico, científico, tecnológico ou estatístico;

- **Autoridade nacional:** órgão da administração pública responsável por zelar, implementar e fiscalizar o cumprimento desta Lei.

E atenção especial para esses dois conceitos:

Tratamento de dados: toda operação realizada com dados pessoais, como as que se referem a coleta, produção, recepção, classificação, utilização, acesso, reprodução, transmissão, distribuição, processamento, arquivamento, armazenamento, eliminação, avaliação ou controle da informação, modificação, comunicação, transferência, difusão ou extração;

Consentimento: manifestação livre, informada e inequívoca pela qual o titular concorda com o tratamento de seus dados pessoais para uma finalidade determinada;

Em relação ao tratamento de dados, a definição trazida pela LGPD tira do imaginário de muitos a premissa de que estariam fora do alcance da novel legislação, porquanto não utilizariam dados para performar seus negócios. Ledo engano, a lei é bem ampla e praticamente qualquer utilização de um dado pessoal, ainda que um acesso visual na máquina de outro estará sob o alcance da lei e deve ser devidamente levantado em um processo de conformidade, sem falar de que no ambiente entre empregado e empregador há tratamento de dados pessoais, não se eximindo o controlador, no caso o empregador, de seguir com as regras da lei.

Quanto ao consentimento, quando formos tratar, mais à frente, dos requisitos legais para tratamento dos dados pessoais, veremos que ele é uma das dez bases legais existentes. Porém, deve ser livre informado e inequívoco, situações que nem sempre tornam sua adoção fácil, sendo longe de ser uma panaceia.

5. Princípios para o tratamento de dados pessoais

Como dito, a LGPD inspirou-se no GDPR[11] e isso fica ainda mais evidente com a análise dos princípios (art. 6º) previstos na nossa legislação. São eles:

---

[11] GDPR (Português de Portugal) - Artigo 5º - Princípios relativos ao tratamento de dados pessoais.

1.   *Os dados pessoais devem ser:*

        a) Objeto de um tratamento lícito, leal e transparente em relação ao titular dos dados («licitude, lealdade e transparência»);

        b) Recolhidos para finalidades determinadas, explícitas e legítimas e não podendo ser tratados posteriormente de uma forma incompatível com essas finalidades; o tratamento posterior para fins de arquivo de interesse público, ou para fins de investigação científica ou histórica ou para fins estatísticos, não é considerado incompatível com as finalidades iniciais, em conformidade com o artigo 89.o, n.o 1 («limitação das finalidades»);

        c) Adequados, pertinentes e limitados ao que é necessário relativamente às finalidades para as quais são tratados («minimização dos dados»);

        d) Exatos e atualizados sempre que necessário; devem ser adotadas todas as medidas adequadas para que os dados inexatos, tendo em conta as finalidades para que são tratados, sejam apagados ou retificados sem demora («exatidão»);

        e) Conservados de uma forma que permita a identificação dos titulares dos dados apenas durante o período necessário para as finalidades para as quais são tratados; os dados pessoais podem ser conservados durante períodos mais longos, desde que sejam tratados exclusivamente para fins de arquivo de interesse público, ou para fins de investigação científica ou histórica ou para fins estatísticos, em conformidade com o artigo 89.o, n.o 1, sujeitos à aplicação das medidas técnicas e organizativas adequadas exigidas pelo presente regulamento, a fim de salvaguardar os direitos e liberdades do titular dos dados («limitação da conservação»);

        f) Tratados de uma forma que garanta a sua segurança, incluindo a proteção contra o seu tratamento não autorizado ou ilícito e contra a sua perda,

I.   finalidade

II.   adequação

III. necessidade

IV.   livre acesso

V.   qualidade dos dados

VI.   transparência

VII. segurança

VIII. prevenção

IX.   não discriminação

X.   responsabilização e prestação de contas

Os princípios da LGPD são fundamentais para compreensão e delimitação da legalidade do uso de dados pessoais. Por essa razão, passemos a analisar cada um deles:

(a)   Princípio da finalidade

O tratamento dos dados pessoais deve ser realizado para propósitos legítimos, específicos, explícitos e informados ao titular. Aliado ao dever de transparência o titular deve estar ciente da finalidade, a qual obviamente não pode ser justificada em atos ilegais, ainda que haja consentimento para tanto. Objeto ilícito torna nulo o ato[12]. O quanto mais destruição ou danificação acidental, adotando as medidas técnicas ou organizativas adequadas («integridade e confidencialidade»);

---

[12] Código Civil Brasileiro. Art. 104. A validade do negócio jurídico requer: I - agente capaz; II - objeto lícito, possível, determinado ou determinável; III - forma prescrita ou não defesa em lei.

específica a descrição dos usos for, melhor protegidos os segredos do negócio, obviamente.

Modificando a finalidade o tratamento posterior torna-se incompatível, devendo obter ou novo consentimento ou explicitar, se a base legal for outra, a mudança de finalidade para os titulares.

(b)   Princípio da adequação

O tratamento deve ser compatível com a finalidade informada. Se, ainda que informada a finalidade, os dados coletados forem inadequados para o que foi informado, há ilegalidade no tratamento, porquanto certamente não é para aquele fim que foram tratados.

(c)   Princípio da necessidade

A finalidade, a adequação e a necessidade caminham bastante juntas. O princípio da necessidade, por sua vez, impede que sejam tratados mais dados do que for necessário para atingir a finalidade informada. Os dados têm que ser pertinentes, proporcionais e não excessivos.

(d)   Princípios do livre acesso, da qualidade dos dados e da transparência

O titular dos dados tem o direito a realizar consulta facilitada e gratuita sobre a forma e a duração do tratamento e sobre a integralidade dos dados pessoais. Os dados devem ter qualidade, ou seja, serem claros, exatos, relevantes e atualizados de acordo com a necessidade e a finalidade do tratamento. Por fim, o dever de transparência implica ao agente o dever de prestar informações claras, precisas e facilmente acessíveis sobre a realização do tratamento, protegido os segredos comercial e industrial.

(e)   *Princípios da segurança e da prevenção*

Proteção de dados pessoais não é apenas um assunto para a área de tecnologia da informação. Estabelecidas como princípios, a segurança e a prevenção não estão limitadas às medidas técnicas, mas também a medidas administrativas aptas a proteger incidentes, considerados desde o acesso não autorizado até a situações acidentais ou ilícitas de destruição, perda, alteração, comunicação ou difusão. A prevenção passa por uma implementação da cultura em um programa de governança em privacidade que, a partir da consciência de todos atores sobre o tema, minimiza riscos de incidentes.

(f)   *Princípio da não discriminação*

Nenhum dado coletado, independente de sua base legal ou finalidade exposta com consentimento válido, poderá ser tratado para fins discriminatórios ilícitos ou abusivos.

(g)   *Princípios da responsabilização e da prestação de contas*

O agente de tratamentos deve não só cumprir com as normas, mas ter capacidade de demonstrar sua conformidade. É o chamado "accountability", dever de prestar contas, não apenas à Autoridade Nacional de Proteção de Dados (ANPD), mas também aos clientes, público em geral, organizações profissionais e associações, empregados, parceiros comerciais, investidores, observatórios de proteção à privacidade e imprensa.

II. TRATAMENTO DOS DADOS PESSOAIS

1. Dados pessoais, dados sensíveis, dados anônimos e pseudonimização

A Lei Geral de Proteção de Dados Pessoais define dado pessoal como sendo qualquer *"informação relacionada a pessoa natural identificada ou identificável"*. Colhemos dessa definição que um dado pessoal não são apenas os tradicionais nomes, prenomes, endereços e número de cadastro de pessoa física.

Dado pessoal é toda informação que pode identificar um indivíduo ainda que não diretamente. Portanto, incluem-se na referida definição, por exemplo, os números de Internet Protocol – IP, número de identificação de funcionário dentro de uma empresa, e até mesmo características físicas. Isso em razão da presença do léxico "identificável", que amplia a definição de dados pessoais.

Didaticamente, o GDPR esclarece que uma pessoa natural é identificável quando "possa ser identificada, direta ou indiretamente, em especial por referência a um identificador, como por exemplo um nome, um número de identificação, dados de localização, identificadores por via eletrônica ou a um ou mais elementos específicos da identidade física, fisiológica, genética, mental, econômica, cultural ou social dessa pessoa singular".

Há dados que sozinhos não podem identificar uma pessoa, porém quando agregados a outros passam a ter essa capacidade. Nessa hipótese, também devem ser considerados dados pessoais. Nomes de empresas, CNPJ e informações que não sejam relacionadas à pessoa natural não são dados pessoais.

Também não é considerado dado pessoal o dado anônimo, considerado como aquele em que o indivíduo *"não possa ser identificado, considerando a utilização de meios técnicos razoáveis e disponíveis na ocasião de seu tratamento".* Um dado pessoal pode deixar de ser alvo de proteção, caso seja anonimizado, com a *"utilização de meios técnicos razoáveis e disponíveis no momento do tratamento, por meio dos quais um dado perde a possibilidade de associação, direta ou indireta, a um indivíduo".*

Ainda, deixa de ser anônimo um dado, se o "processo de anonimização ao qual foi submetido for revertido, utilizando exclusivamente meios próprios, ou quando, com esforços razoáveis, puder ser revertido". A razoabilidade deve considerar fatores objetivos apenas, tais como custo e tempo necessários para reverter o processo de anonimização, de acordo com as tecnologias disponíveis. Sendo assim, se o processo de reversão implicar na necessidade de uso de esforços de terceiro já não é considerado razoável.

Obviamente deve-se ter bastante cuidado em escolher a anonimização de um dado. Se possui base legal para tratar o dado pessoal, o melhor é deixá-lo assim, tendo em vista a subjetividade e o risco de utilizar um processo de anonimização efetivo. A ANPD deverá estabelecer os critérios ao processo de anonimização e, assim, ao menos garantirá a quem decidir por sua utilização a não aplicação das pesadas sanções por infração à lei.

A LGPD prevê no seu artigo 13 que para realização de estudos e pesquisas científicas deve-se buscar, sempre que possível, a pseudonimização dos dados pessoais, que é o *"tratamento por meio do qual um dado perde a possibilidade de associação, direta ou indireta, a um indivíduo, senão pelo uso de informação adicional mantida separadamente pelo controlador em ambiente controlado e seguro"*. A pseudonimização também pode ser um processo a ser considerado na concepção de um produto ou serviço de forma a diminuir riscos de utilização indevida de dados pessoais e validação do cumprimento dos princípios da necessidade e adequação.

A tecnologia do blockchain pode ser uma grande aliada no processo de pseudonimização. As características de descentralização, transparência, consenso e segurança, são muito pertinentes ao processo de pseudonimização, uma vez que insere uma camada de segurança adicional sem que se tenham dados pessoais vinculados, já que as transações são identificadas por hashs. No entanto, é importante estar atento que blockchain pode não ser uma tecnologia apropriada para conformidade à LGPD, uma vez que impede a exclusão dos dados, direito que deve ser assegurado pelo controlador ao titular.

Uma categoria especial de dados pessoais é a denominada dados sensíveis. Diferentemente do GDPR, a lei brasileira colocou essa categoria com uma única definição. Compreendem-se, assim, as informações relacionadas à *"origem racial ou étnica, convicção religiosa, opinião política, filiação a sindicato ou a organização de caráter religioso, filosófico ou político, dado referente à saúde ou à vida sexual, dado genético ou biométrico, quando vinculado a uma pessoa natural"*.

Tais dados podem gerar riscos significativos para os direitos e liberdades fundamentais a depender do contexto de sua utilização e, por essa razão, são submetidos a um regime especial para tratamento mais rigoroso.

2. Requisitos legais para tratamento dos dados pessoais

Ao contrário do que muitos pensam, uma legislação de proteção de dados pessoais não é necessariamente a criação de um entrave burocrático com uma validação do tratamento necessariamente com consentimento expresso e muitas vezes proibitivo para negócios inovadores. O consentimento é apenas uma das bases legais para validar o tratamento dos dados pessoais. Na LGPD há um total de dez permissivos para tratamento, os quais estão previstos no seu artigo 7º.

São eles:

I - mediante o fornecimento de consentimento pelo titular;

II - para o cumprimento de obrigação legal ou regulatória pelo controlador;

III - pela administração pública, para o tratamento e uso compartilhado de dados necessários à execução de políticas públicas previstas em leis e regulamentos ou respaldadas em contratos, convênios ou instrumentos congêneres, observadas as disposições do Capítulo IV desta Lei;

IV - para a realização de estudos por órgão de pesquisa, garantida, sempre que possível, a anonimização dos dados pessoais;

V - quando necessário para a execução de contrato ou de procedimentos preliminares relacionados a contrato do qual seja parte o titular, a pedido do titular dos dados;

VI - para o exercício regular de direitos em processo judicial, administrativo ou arbitral, esse último nos termos da Lei nº 9.307, de 23 de setembro de 1996 (Lei de Arbitragem);

VII - para a proteção da vida ou da incolumidade física do titular ou de terceiro;

VIII - para a tutela da saúde, em procedimento realizado por profissionais da área da saúde ou por entidades sanitárias;

IX - quando necessário para atender aos interesses legítimos do controlador ou de terceiro, exceto no caso de prevalecerem direitos e liberdades fundamentais do titular que exijam a proteção dos dados pessoais; ou

X - para a proteção do crédito, inclusive quanto ao disposto na legislação pertinente.

(a)   Consentimento pelo titular

O consentimento sempre é visto, por muitos, como a panaceia para tratamento de dados pessoais. Com consentimento pode-se quase tudo. Bem verdade, o consentimento é a autorização expressa dada pelo titular ao controlador para que ele possa tratar os dados da forma desejada. No entanto, o consentimento só é válido se atender inúmeros requisitos legais, o que o torna um ônus desnecessário caso o tratamento possa ser validado em uma das outras nove bases previstas no artigo 7º, sem falar que ao titular é garantido o direito de revogação a qualquer tempo.

O consentimento, para ser válido, deve ser livre, informado e inequívoco, fornecido por escrito ou outro meio que demonstre a manifestação da vontade do titular, em cláusula destacada, sem vício de consentimento e referir-se a finalidades determinadas. Autorizações genéricas são consideradas nulas. Caixas de seleção pré-marcadas também são consideradas não legítimas, invalidando o consentimento. O controlador deve adotar mecanismos eficazes para poder provar o consentimento obtido, uma vez que o ônus da prova é seu, conforme teor do disposto no §2º do art. 8º.

Em recente decisão, a autoridade francesa de proteção de dados, CNIL – Commision Nationale Informatique & Libertés, multou a Google com base na ilegalidade de seu consentimento à luz do GDPR. Como os princípios para um consentimento válido do GDPR são bem semelhantes aos adotados pela LGPD, a decisão é um importante paradigma para compreendermos o que pode fazer com que o consentimento seja nulo, Nos dizeres de Jaqueline Simas de Oliveira[13], a CNIL considerou que o Google:

- diluiu o processamento de dados para personalização de anúncios em diversos documentos, o que impede que o usuário tenha ciência da extensão do uso de suas informações;

- Consentimento geral para todos os serviços: não especificou quais dos diversos serviços de suas múltiplas plataformas (YouTube, PlayStore, Google Home e etc.) estariam envolvidos nas operações de coleta de dados e personalização

---

[13] https://www.jota.info/paywall?redirect_to=//www.jota.info/opiniao-e-analise/artigos/google-e-multado-em-50-milhoes-de-euros-na-franca-por-violacao-ao-gdpr-24012019

de anúncios, fazendo com que o consentimento
não fosse nem específico e nem inequívoco.

- deixou algumas opções de concordância com a
  exibição de anúncios em caixas pré-validadas;

A análise de tais decisões paradigmas é fundamental para que
seja dada mais objetividade a conceitos legais que, a princípio, podem parecer
extremamente subjetivos, ajudando na construção da doutrina sobre o tema e
ajudando os agentes de tratamento e os profissionais da área a adotarem a
base legal do consentimento, quando necessário, de forma legítima.

(b)   Para o cumprimento de obrigação legal ou regulatória pelo controlador

Há dados pessoais que devem ser tratados pelo controlador
em cumprimento a uma obrigação legal ou regulatória. Exemplo típico é em
relação aos números de IP – Internet Protocol, os quais podem identificar
uma pessoa natural e, portanto, são considerados dados pessoais. O número
de IP é compreendido na definição de registros de acesso a aplicações de
internet, prevista no inciso VIII do artigo 5º da Lei nº 12.965/14 (Marco Civil
da Internet - MCI)[14].

O MCI, por sua vez, determina aos provedores de aplicações
o armazenamento de tais dados pelo período mínimo de seis meses. Assim, o
tratamento desses dados decorre de uma obrigação legal, sendo desnecessário

---

[14] VIII - registros de acesso a aplicações de internet: o conjunto de informações referentes à data e hora de uso de uma determinada aplicação de internet a partir de um determinado endereço IP.

consentimento para tanto. Outro exemplo é a coleta de dados de empregados, como folha de registro, e-social, FGTS e INSS.

A Medida Provisória n° 869 retirou o §2° que determinava que a autoridade nacional especificaria a forma de disponibilização das informações sobre esse tratamento. A nosso ver, todavia, a utilização dessa ou de qualquer outra base legal não exclui os deveres de o controlador informar ao titular as finalidades do tratamento e outras informações exigidas pelo artigo 9°, salvo se for alguma excludente prevista no artigo 4°.

(c)   pela administração pública, para o tratamento e uso compartilhado de dados necessários à execução de políticas públicas;

A administração pública poderá tratar dados pessoais dos cidadãos para fins de implementar políticas públicas, compreendidas como *"conjuntos de programas, ações e atividades desenvolvidas pelo Estado que visam assegurar determinado direito de cidadania, de forma difusa ou para determinado seguimento social, cultural, étnico ou econômico. As políticas públicas correspondem a direitos assegurados constitucionalmente ou que se afirmam graças ao reconhecimento por parte da sociedade e/ou pelos poderes públicos enquanto novos direitos das pessoas, comunidades, coisas ou outros bens materiais ou imateriais"*[15]. Como ato administrativo, deve atender ao princípios administrativistas, tais como da legalidade e da fundamentação e, ainda que seja realizado pelo poder público, deve atender aos demais princípios da LGPD, bem como *"deverá ser realizado para o atendimento de sua*

15
http://www.meioambiente.pr.gov.br/arquivos/File/coea/pncpr/O_que_sao_PoliticasPublicas.pdf

finalidade pública, na persecução do interesse público" (art. 23) e respeitado o disposto no Capítulo IV da lei de regência.

Alguns exemplos de políticas públicas que podem tratar os dados pessoais são: Bolsa Família; Minha casa, minha vida; controle de população em áreas de risco; política de erradicação do trabalho infantil.

(d) estudos por órgão de pesquisa, garantida, sempre que possível, a anonimização dos dados pessoais;

Essa base legal tem como pressuposto que o controlador é um órgão de pesquisa, definido pela LGPD como sendo: "órgão ou entidade da administração pública direta ou indireta ou pessoa jurídica de direito privado sem fins lucrativos legalmente constituída sob as leis brasileiras, com sede e foro no País, que inclua em sua missão institucional ou em seu objetivo social ou estatutário a pesquisa básica ou aplicada de caráter histórico, científico, tecnológico ou estatístico;".

Vedado, portanto, a uma empresa privada com fins lucrativos, executar pesquisa com base em dados pessoais, exceto se para isso obtiver um consentimento, vez que a base legal será outra. Sempre que possível, o órgão deve buscar a anonimização ou pseudonimização dos dados e manter os dados em ambiente seguro e controlado, sob seu próprio controle, sendo vedada a transferência a terceiros.

(e) quando necessário para a execução de contrato ou de procedimentos preliminares relacionados a contrato do qual seja parte o titular, a pedido do titular dos dados;

Não seria adequado exigir de um contratante que obtivesse do titular dos dados um consentimento apartado para que pudesse utilizar seus dados pessoais na elaboração de um contrato pedido pelo próprio titular. É o caso, por exemplo, da aquisição de um imóvel. O cliente procura a construtora e preenche um cadastro para análise e possível futura contratação, desnecessário o consentimento expresso, haja vista tratar-se de um procedimento preliminar. O mesmo em relação à própria execução de um contrato. Não poderá, todavia, o controlador utilizar os referidos dados para outras finalidades sem informar ao titular a base legal correta, como o interesse legítimo para ações de promoção comercial da contratada.

(f) para o exercício regular de direitos em processo judicial, administrativo ou arbitral

Não há necessidade de consentimento para utilizar os dados pessoais da parte *ex-adversa* num processo judicial, administrativo ou arbitral. Imaginemos o contrário: não fosse uma base legal, cairíamos no absurdo de ser necessária autorização do processado para que ele permitisse utilizar seus dados para ser iniciado o processo. Essa base legal também legitima ao Poder Judiciário a gestão, autorizando que analise e utilize os dados não só para prestação jurisdicional.

(g) para a proteção da vida ou da incolumidade física do titular ou de terceiro

A vida, sem dúvida, prevalece em eventual conflito com o direito à privacidade. Não se pode impedir a proteção da vida do titular sobre a escusa de se proteger a sua privacidade. Assim, se nos deparamos com um acidente de trânsito e precisamos pegar o documento da vítima, estamos diante de um tratamento de dados visando a proteção do próprio titular, sendo desnecessária sua autorização, a qual, a depender da gravidade, sequer poderá ser colhida. O valor vida é de tamanha relevância que poderá o tratamento dos dados ocorrer ainda que seja para proteger terceiro e não o próprio titular.

(h)   para a tutela da saúde, em procedimento realizado por profissionais da área da saúde ou por entidades sanitárias

Da mesma forma da base legal anterior, a saúde deve prevalecer sobre o direito à privacidade. No entanto, a lei prevê que tal fundamento para tratamento de dados pessoais somente pode ser arguído por profissionais da área da saúde ou por entidades sanitárias. Desta feita, um aplicativo que tenha como objetivo ajudar o titular no controle do peso ou de sua condição física (health apps) não poderá utilizar esse fundamento. Ademais, sendo dado sensível, deverão obter consentimento específico para tal tratamento, nos termos do inciso I do artigo 11 da LGPD.

(i)   interesses legítimos do controlador ou de terceiro

Provavelmente a mais subjetiva de todas as bases legais para tratamento de dados pessoais. Ainda que o legislador tenha tentado traçar alguns critérios no artigo 10, fato é que permanece em aberto, a depender de futuras definições ou orientações da Autoridade Nacional de Proteção de Dados Pessoais.

Isso porque, pela LGPD, o interesse legítimo só pode ser utilizado para finalidades legítimas, consideradas a partir de situações concretas, tendo apenas exemplificado duas dessas situações, quais sejam: *(i) apoio e promoção de atividades do controlador; e (ii) proteção do exercício regular de seus direitos ou prestação de serviços que o beneficiem, respeitadas as legítimas expectativas dele e os direitos e liberdades fundamentais.*

O videomonitoramento de empregados tem sido considerado como um interesse legítimo em outros países, desde que, no entanto, não haja utilização de dados sensíveis, como características raciais permitidas a partir de reconhecimento facial, por exemplo. Porém, esse videomonitoramento não deve ser enquadrado no inciso II do artigo 10, haja vista que a proteção ali referida é para o próprio titular e não para o empregador. Assim, sua adequação encontrar-se-á no próprio caput.

Os §1º e 2º do artigo 10 nada inovam, porquanto apenas ressaltam o óbvio, que o interesse legítimo, como base legal, não exclui o cumprimento dos princípios da necessidade, finalidade, transparência e segurança. No entanto, o §3º prevê um diferencial para esse tratamento, que poderá prescindir de um relatório de impacto à proteção de dados pessoais, o que deverá ser considerado no momento de análise da melhor base legal a ser adotada no processo de conformidade, ou implementação do programa de governança em privacidade.

(j)   *para a proteção do crédito*

Essa é a base legal exclusivamente brasileira. Receosos de que a LGPD pudesse atrapalhar os serviços de proteção ao crédito ou conflitar com a Lei do Cadastro Positivo, fora inserida essa base legal, a qual forçou também a uma adequação da lei específica. Assim, com entendimento conjunto de ambas as leis tem-se que para proteção ao crédito não é necessário consentimento prévio para:

(a) abrir cadastro em banco de dados com informações de adimplemento de pessoas naturais e jurídicas;

(b) fazer anotações no cadastro;

(c) compartilhar as informações cadastrais e de adimplemento armazenadas com outros bancos de dados;

(d) fornecer "a nota ou pontuação de crédito elaborada com base nas informações de adimplemento armazenadas".

Permanece a necessidade da autorização para fornecimento do histórico de crédito ("conjunto de dados financeiros e de pagamentos, relativos às operações de crédito e obrigações de pagamento adimplidas ou em andamento por pessoa natural ou jurídica."). Assegurados os direitos do titular, previstos expressamente na Lei do Cadastro Positivo, além do direito de exclusão e respeitado o princípio da finalidade, porém entendo não excluir os demais direitos dos titulares e obrigações dos controladores previstos na LGPD.

3. Tratamento de dados pessoais sensíveis

O tratamento de dados pessoais sensíveis possui bases legais, embora semelhantes, diferentes do tratamento dos dados pessoais comuns. O consentimento para essa categoria especial também é diferente, porquanto deve ser de forma específica e destacada, sem prejuízo dos requisitos gerais para o consentimento.

Os demais permissivos legais são deveras parecidos, no entanto, ao contrário dos dados pessoais comuns, não poderá haver tratamento de dados pessoais sensíveis, exceto com consentimento, nas seguintes hipóteses:

a) Pela administração pública com base em contratos, convênios ou instrumentos congêneres. O tratamento compartilhado de dados sensíveis necessário à execução de políticas públicas deve sempre ser lastreado em leis ou regulamentos;

b) Dados sensíveis não devem ser considerados como necessários para execução de contratos ou procedimentos preliminares. Caso contrário, certamente seriam utilizados com viés discriminatório;

c) Com base em interesse legítimo; ou

d) Para proteção do crédito.

Aos requisitos do artigo 7º, é acrescida ainda a possibilidade de tratamento de dados sensíveis, sem consentimento, para "garantia da prevenção à fraude e à segurança do titular, nos processos de identificação e autenticação de cadastro em sistemas eletrônicos, resguardados os direitos mencionados no art. 9º desta Lei e exceto no caso de prevalecerem direitos e liberdades fundamentais do titular que exijam a proteção dos dados pessoais."

Os órgãos e entidades públicas ficam obrigados a dar publicidade à dispensa de consentimento (§2º) e o tratamento deve sempre estar restrito ao atendimento de sua finalidade pública e na persecução do interesse público.

A comunicação ou o uso compartilhado de dados pessoais sensíveis para fins econômicos não é vedado pela lei, podendo ser restringido pela ANPD. Todavia, os dados sensíveis relacionados à saúde não podem ser compartilhados com viés econômico, exceto no caso de portabilidade solicitada pelo titular ou necessidade de comunicação para a adequada prestação de serviços de saúde suplementar (redação dada pela MP 869).

4. Tratamento de dados pessoais de crianças e adolescentes

Segundo o artigo 2º do Estatuto da Criança e do Adolescente, considera-se criança a pessoa até doze anos de idade incompletos e adolescente aquela entre doze e dezoito anos. Para tratar dados dessas pessoas, a LGPD criou regras específicas, seguindo modelo do GDPR. Importante trazer a *"consideranda* 38" do GDPR que esclarece a importância do cuidado especial com os dados de crianças e adolescentes.

> (38) | As crianças merecem proteção especial quanto aos seus dados pessoais, uma vez que podem estar menos cientes dos riscos, consequências e garantias em questão e dos seus direitos relacionados com o tratamento dos dados pessoais. Essa proteção específica deverá aplicar-se, nomeadamente, à utilização de dados pessoais de crianças para efeitos de comercialização ou de criação de perfis de personalidade ou de utilizador, bem como à recolha de dados pessoais em relação às crianças quando da utilização de serviços disponibilizados diretamente às crianças. O consentimento do titular das responsabilidades parentais não deverá ser necessário no contexto de serviços

preventivos ou de aconselhamento oferecidos diretamente a uma criança.

Uma vez que o provedor de aplicações oferte serviços a uma criança ou adolescente ele deverá cuidar para obter o consentimento parental. Obviamente, caso o serviço não tenha esse foco, entendo que não há como exigir uma verificação prévia em ambiente online.

5. Término do tratamento

O tratamento de dados pessoais deve ser interrompido nas hipóteses trazidas pelo artigo 15 da Lei Geral de Proteção de Dados Pessoais, quais sejam:

> I - verificação de que a finalidade foi alcançada ou de que os dados deixaram de ser necessários ou pertinentes ao alcance da finalidade específica almejada;
>
> II - fim do período de tratamento;
>
> III - comunicação do titular, inclusive no exercício de seu direito de revogação do consentimento conforme disposto no § 5º do art. 8º desta Lei, resguardado o interesse público ou
>
> IV - determinação da autoridade nacional, quando houver violação ao disposto nesta Lei.

As hipóteses não são taxativas, podendo também haver interrupção do tratamento por opção do controlador ou por revogação da lei ou regulamento que dava a respectiva base legal.

Na tentativa do legislador de não deixar dúvidas, acabou por ampliar a dificuldade de interpretação da lei. O artigo 16 prevê que os dados pessoais serão eliminados após o tratamento. Até aí, problema algum se vislumbra, haja vista que uma vez atingidas as previsões do artigo 15 ou outras não previstas expressamente, como os exemplos citados, tais dados deverão ser eliminados. No entanto, o artigo 16 traz quatro hipóteses em que os dados poderão ser conservados.

I - cumprimento de obrigação legal ou regulatória pelo controlador;

II - estudo por órgão de pesquisa, garantida, sempre que possível, a anonimização dos dados pessoais;

III - transferência a terceiro, desde que respeitados os requisitos de tratamento de dados dispostos nesta Lei ou

IV - uso exclusivo do controlador, vedado seu acesso por terceiro, e desde que anonimizados os dados.

Tais finalidades representam não o término do tratamento, mas a mudança de sua base legal, sendo desnecessária sua previsão. Merece destaque negativo a proibição de acesso, por terceiros, de dados anônimos. Ora, é um contrassenso, uma vez que tais dados não estão submetidos a essa lei, tal como prevê expressamente o artigo 12, não podem ter qualquer tipo de vedação.

6. Requisitos legais para a política de privacidade

As tradicionais políticas de privacidade, costumeiramente publicadas sem maiores reflexões, precisam se atentar à previsão do artigo 9º. São as políticas de privacidade que costumeiramente dão sustentação ao direito do titular de acesso facilitado às informações sobre o tratamento de seus dados, devendo ser disponibilizadas de forma clara, adequada e ostensiva, e constarem minimamente as seguintes características:

I - finalidade específica do tratamento;

II - forma e duração do tratamento, observados os segredos comercial e industrial;

III - identificação do controlador;

IV - informações de contato do controlador;

V - informações acerca do uso compartilhado de dados pelo controlador e a finalidade;

VI - responsabilidades dos agentes que realizarão o tratamento; e

VII - direitos do titular, com menção explícita aos direitos contidos no art. 18 desta Lei.

As políticas devem estar em locais de fácil acesso e ser o mais transparente possível, sobretudo para validarem as respectivas bases legais. A ANPD poderá ampliar as características obrigatórias. Não necessariamente as políticas precisam estar em ambiente online. Sugere-se manter o mesmo meio utilizado para coletar os dados e a forma de divulgação deverá respeitar o porte da empresa e as peculiaridades de cada negócio.

I. DIREITOS DOS TITULARES

1. Quem são os titulares?

Titulares de dados pessoais são apenas as pessoas naturais. Excluem-se do conceito e, consequentemente do escopo da LGPD, os dados de pessoas jurídicas. Importante atentar-se, todavia, para os dados de pessoas naturais representantes legais de pessoas jurídicas que são coletados e tratados numa operação que a princípio seria apenas entre pessoas jurídicas. Os dados desses representantes legais também estão sujeitos às regras de tratamento e, portanto, também esses terão direitos como titulares.

2. Direitos dos titulares

O artigo 17 da Lei Geral de Proteção de Dados Pessoais assegura a todas as pessoas naturais a titularidade de seus dados pessoais, garantindo a eles os direitos fundamentais de liberdade e privacidade, em conformidade com a lei. O artigo 18, por sua vez, estabelece direitos de o titular solicitar ao controlador:

i.   Confirmação da existência de tratamento;

ii.   Acesso aos dados;

iii.   Correção de dados incompletos, inexatos ou desatualizados;

iv.   Anonimização, bloqueio ou eliminação de dados desnecessários, excessivos ou tratados em desconformidade com o disposto nesta Lei;

v.   Portabilidade dos dados a outro fornecedor de serviços, ou produto, mediante requisição expressa e observados os segredos comercial e industrial, de acordo com a regulamentação do órgão controlador;

vi.   Eliminação dos dados pessoais tratados com o consentimento do titular, exceto nas hipóteses previstas no art. 16 desta lei;

vii. Informação das entidades públicas e privadas com os quais o controlador realizou uso compartilhado de dados;

viii. Informação sobre a possibilidade de não fornecer consentimento e sobre as consequências da negativa; e

ix.   Revogação do consentimento, nos termos do §5º do art. 8º desta lei.

Ainda, o titular tem direito de:

i.   Postulação perante a autoridade nacional contra o controlador;

ii.   Opor-se a tratamento realizado com fundamento nas hipóteses de dispensa de consentimento, em caso de descumprimento ao disposto nesta lei.

(a) anonimização, bloqueio ou eliminação

Quanto ao direito de anonimização, bloqueio ou eliminação, é importante deixar claro que se trata de liberdade do controlador definir qual o melhor processo técnico para cada situação, desde que cesse o tratamento dos dados pessoais do titular, quando *"desnecessários, excessivos ou tratados em desconformidade"*.

(b)   portabilidade

O direito à portabilidade deve proteger o segredo comercial e indústria. Esse direito, todavia, ainda é bastante discutido no tocante à sua efetiva operacionalização para serviços digitais, haja vista que os sistemas sempre foram criados para evitar o uso por concorrentes e não para facilitar essa integração, salvo algumas exceções.

O direito à portabilidade não demanda um regulamento futuro da ANPD para que tenha validade. Prudente, no entanto, que a ANPD regulamente a interoperabilidade o quanto antes a fim de que o direito seja exercido de forma efetiva[16]. O GDPR em seu artigo 20° prevê que os dados devem ser fornecidos em *"formato estruturado, de uso corrente e de leitura automática"*.

(c)   Informação das entidades públicas e privadas com os quais o controlador realizou uso compartilhado de dados;

O artigo 9° prevê o dever de informar ao titular sobre situações de tratamento de dados, dentre as quais está se o controlador faz uso compartilhado de dados explicitando também a finalidade desse

---

[16] Art. 40.   A autoridade nacional poderá dispor sobre padrões de interoperabilidade para fins de portabilidade, livre acesso aos dados e segurança, assim como sobre o tempo de guarda dos registros, tendo em vista especialmente a necessidade e a transparência.

compartilhamento. O artigo 18, por sua vez, trata do dever de informar mediante requerimento do titular. Assim, da leitura conjunta de ambos, temos que sem solicitação, o controlador deve apenas informar se há compartilhamento de dados e sua respectiva finalidade. Mediante requerimento expresso do titular, sob espeque do artigo 18, deve o controlador nominar expressamente as entidades públicas e privadas que acessam os dados de forma compartilhada.

(d)   Informação sobre a possiblidade de não concessão do consentimento

No caso de tratamento de dados mediante consentimento, o titular tem o direito de ser informado sobre as consequências no caso de não consentir. Lembrando que o tratamento deve sempre respeitar a finalidade, necessidade e adequação. Assim, não pode haver um comprometimento do uso de determinada aplicação caso o titular não consinta com o uso de determinado dado pessoal que não seria necessário para aquela finalidade. Não poderá o controlador, portanto, exigir dados excessivos. Caso a ausência do consentimento implique em limitações parciais no uso, o titular deve ser informado e alertado. A limitação total do uso de determinada aplicação somente pode ocorrer se o dado for estritamente necessário e adequado para aquela finalidade.

3. Forma de atendimento às solicitações dos titulares

Os direitos do titular são exercidos apenas em relação ao controlador. O operador não possui o dever legal de atender às requisições promovidas pelo titular. No entanto, o controlador tem o dever de atender os direitos do titular na sua amplitude, o que significa responder a eventuais questionamentos sobre tratamento feito pelos operadores, que agem em cumprimento às ordens e diretrizes do controlador.

O §3º do artigo 18 estabelece que o exercício dos direitos pelo titular deve se dar mediante requerimento expresso, cabendo ao controlador, caso não possa atender imediatamente (§4º), informar o seguinte:

i. Que não é o agente de tratamento responsável, indicando, se possível, o responsável.

ii. Indicar as razões de fato ou de direito que impedem a adoção imediata das providencias;

Caberá sempre ao controlador comunicar e exigir dos operadores que atendam aos direitos do titular quando houver compartilhamento de dados, tais como correção, eliminação, anonimização ou bloqueio de dados (§6º). Importante que tais obrigações estejam devidamente expostas e firmadas em cláusulas contratuais entre os respectivos agentes de tratamento.

Os §7º e 8º do art. 18, por sua vez, trazem previsões absolutamente desnecessárias no nosso entendimento. O primeiro, estabelece que o direito de portabilidade não se aplica a dados anonimizados, como se esses fossem dados pessoais e lembrando que os direitos dos titulares são em relação a dados pessoais e não sobre qualquer dado. O §8º deixa claro que os direitos do titular também podem ser exercidos perante órgãos de proteção ao consumidor.

O artigo 19, estabelece que o controlador confirmará a existência ou o acesso aos dados pessoais:

i. em formato simplificado, imediatamente; ou

ii. por meio de declaração clara e completa, que indique a origem dos dados, a inexistência de registro, os critérios utilizados e a finalidade do tratamento, observados os segredos comercial e industrial, fornecida no prazo de até 15 (quinze) dias, contado da data do requerimento do titular.

O controlador deverá adotar meios para que os dados estejam armazenados em formato de fácil acesso. As respostas às solicitações poderão dar-se por meio eletrônico ou impresso, sempre a critério do titular. Nesse ponto, entendemos que ao deixar o titular determinar a forma, poderá haver exageros e um ônus excessivo ao controlador, caso não haja futura regulamentação pela ANPD quanto ao alcance da previsão do §5º do art. 18, que proíbe ao controlador cobrar custos para atender às demandas. Entendemos que o custo mencionado deve se limitar tão somente ao trabalho do controlador para atender o pedido do titular, excluídos custos para impressão e/ou postagem, por exemplo.

Os prazos de atendimento poderão ser diferentes para setores específicos, a depender de futura decisão da autoridade nacional.

4. Direito à revisão de decisões automatizadas

O artigo 20 da LGPD garante ao titular o direito de revisão das decisões tomadas unicamente com base em tratamento automatizado de dados pessoais que afetem seus interesses, incluídas aquelas destinadas a definir perfil pessoal, profissional, de consumo, crédito ou aspectos de sua personalidade.

Entretanto, com a redação dada pela MP 869, esse direito ficou comprometido, podendo levar a uma violação do princípio da não discriminação previsto na LGPD. Isso porque a MP excluiu o direito de revisão por pessoa natural, deixando que até mesmo as revisões possam ser feitas de forma automatizada. Ora, seria fundamental que o titular pudesse ter uma intervenção humana[17] na análise de seu pedido. Por mais que a inteligência artificial esteja evoluída, ainda está sujeita a desacertos que poderiam ser solucionados mediante a análise de uma pessoa natural. Essa análise, inclusive, serviria como elemento para melhor orientar um juiz em caso de demanda judicial. Com tudo sendo feito a partir de algoritmos até mesmo o direito de ação restará comprometido.

Respeitado o segredo comercial e industrial, o controlador deverá informar, sempre que solicitado, os critérios e procedimentos utilizados para a decisão automatizada. Podendo a autoridade nacional, no

---

[17] O artigo 22 do GDPR estabelece semelhante garantia.

"1. O titular dos dados tem o direito de não ficar sujeito a nenhuma decisão tomada exclusivamente com base no tratamento automatizado, incluindo a definição de perfis, que produza efeitos na sua esfera jurídica ou que o afete significativamente de forma similar."

caso de não fornecimento sob fundamento do sigilo de negócio, realizar auditoria para verificar eventuais aspectos discriminatórios.

II. TRATAMENTO DE DADOS PESSOAIS PELO PODER PÚBLICO

A Lei Geral de Proteção de Dados Pessoais, aplica-se, como dito anteriormente, não só às pessoas naturais e jurídicas de direito privado, como também às de direito público. Ainda que haja algumas flexibilizações, sobretudo com a redação da Medida Provisória nº 869 de 27 de dezembro de 2018, o poder público deve adequar-se e cumprir boa parte das obrigações impostas pela LGPD.

O Capítulo IV traz todo um regramento para que o Poder Público possa tratar dados pessoais. Considerando a disparidade entre capacidade de tratamento e controle que um cidadão possui em relação ao Estado, é salutar que haja regras bem delineadas para evitar um uso indevido de dados dos titulares que possam comprometer os direitos da personalidade.

O artigo 23, logo de início, prevê que o tratamento de dados pessoais pelas pessoas jurídicas de direito público deve sempre ser realizado para o *"atendimento de uma finalidade pública, na persecução do interesse público e com o objetivo de executar as competências legais ou cumprir as atribuições legais do serviço público"*.

Para tanto, deve:

i. Informar as hipóteses em que realiza tratamento de dados pessoais;

ii. Fornecer informações claras e atualizadas sobre a previsão legal, finalidade, procedimentos e as práticas utilizadas para execução dessas atividades, em veículos de fácil acesso, preferencialmente em seus sítios eletrônicos; e

iii. Indicar um encarregado quando realizar operações de tratamento de dados pessoais, nos termos do art. 39.

Diferentemente do artigo 9º que falamos sobre as politicas de privacidade e que as mesmas devem ser expostas em meio de fácil acesso, prestigiando, o mesmo meio de coleta dos dados, no caso do poder público, o artigo 23 define que as informações claras sobre o tratamento realizado, tais como finalidade, procedimentos e práticas utilizados, devem ser expostas em veículos de fácil acesso, dando preferência a sítios eletrônicos.

Importante aqui que, não é por que será exposto em ambiente eletrônico, que o ente público deverá informar apenas os dados coletados naquele meio. Deverá abranger todos os dados tratados, ainda que não sejam coletados em meio eletrônico, expondo aos titulares como e para quê utiliza os dados pessoais. A ANPD, todavia, poderá dispor sobre as formas de publicidade das operações de tratamento (§1º, art. 23).

Deverá ainda indicar um encarregado quando controlador, conforme obrigação do artigo 41. O inciso III, apenas ressalta, no nosso entendimento, o dever de o poder público também indicar um encarregado, cuja obrigação prevista no artigo 41 é para todos os controladores, sem qualquer ressalva quanto a sua natureza. A confusão trazida por tal inciso é que ao final refere-se "nos termos do art.39", o qual não tem qualquer relação com a função do encarregado, uma vez que apenas trata da obrigação do operador em cumprir as instruções fornecidas pelo controlador. Por todo esforço intelectual que se faça, não chegamos a outra conclusão que não a de que houve erro na redação.

O exercício dos direitos dos titulares perante o controlador Poder Público observará legislação específica, em especial a Lei de Acesso a Informação e a Lei do Habeas Data, não aplicando-se os prazos previstos no artigo 19 da LGPD.

Os serviços notariais e de registro, ainda que exercidos em caráter privado, por delegação do Poder Público, incluem-se nas mesmas obrigações previstas para as pessoas jurídicas de direito público (§4°) e deverão fornecer à administração pública acesso aos dados por meio eletrônico, como forma de prestar contas de seu serviço delegado.

O art. 24, por sua vez, excepciona as empresas públicas e as sociedades de economia mista que atuam em regime de concorrência, para as quais serão aplicadas as mesmas obrigações previstas para as pessoas jurídicas de direito privado.

Os dados deverão ser mantidos sempre de forma estruturada e interoperável "para uso compartilhado com vistas à execução de políticas públicas, à prestação de serviços públicos, à descentralização da atividade pública e à disseminação e ao acesso das informações pelo público em geral" (art.25). É vedada a transferência para entidades privadas, exceto:

      I.   em casos de execução descentralizada de atividade pública que exija a transferência, exclusivamente para esse fim específico e determinado, observado o disposto na Lei n° 12.527, de 18 de novembro de 2011 (Lei de Acesso à Informação);

II. se for indicado um encarregado para as operações de tratamento de dados pessoais, nos termos do art. 39;

III. quando houver previsão legal ou a transferência for respaldada em contratos, convênios ou instrumentos congêneres;

IV. na hipótese de a transferência dos dados objetivar a prevenção de fraudes e irregularidades, ou proteger e resguardar a segurança e a integridade do titular dos dados; ou

V. nos casos em que os dados forem acessíveis publicamente, observadas as disposições desta Lei.

A MP 869 ampliou as possibilidades de transferências de dados pessoais do poder público para entidades privadas num rol de requisitos não concomitantes. Basta o preenchimento de uma das hipóteses do artigo 26 para que seja permitido o compartilhamento. Inclusive, a MP inovou ao possibilitar o compartilhamento para entidades privadas sob a simples condição de que essa tenha um encarregado. Uma exigência bastante branda para a relevância e os riscos potenciais aos titulares.

Interessante notar também que ao exigir que o ente privado indique um encarregado, trata-se de uma inovação e exceção ao artigo 41 que exige que apenas os controladores tenham essa figura. Isso porque poderá haver casos de transferência de dados pelo poder público para serviços como armazenamento de dados, nos quais o destinatário é mero operador. Assim, será a exceção de que um operador deva também indicar um encarregado.

Qualquer compartilhamento, no entanto, deve ser respaldado pelos princípios e regras da própria LGPD e não se dar por legítimo apenas com base em contrato. Entendemos que o legislador pecou ao incluir tal previsão. Isso porque, a transferência dos dados para o particular sempre deve ser respaldada em contrato, em respeito aos princípios e normas administrativistas. Ao incluir num rol que, pela inclusão da conjunção "ou", é não concomitante, dá a entender que bastaria um contrato para permitir a transferência a um particular, mesmo que esse não preenchesse as demais condições. Ainda que o objetivo seja o interesse público e o §2º exija a comunicação à autoridade nacional, a validade do ato não está condicionada à referida comunicação.

Nos casos de comunicação ou uso compartilhado, e não transferência, dos dados pessoais a pessoa jurídica de direito privado, o artigo 27 exige o consentimento do titular, excetuando, no entanto, quando:

I.   houver dispensa de consentimento prevista na lei;

II.   nos casos de uso compartilhado de dados; ou

III. nas mesmas exceções previstas para a transferência de dados (art. 26);

Um leitor mais atento perceberá, que no final das contas, a transferência e o compartilhamento possuem os mesmos requisitos, numa redação absolutamente contraditória e de péssima técnica. Para piorar, dispensa consentimento, quando houver outra base legal e, naturalmente, o Poder Público trata dados majoritariamente com base em outras bases que não o consentimento, além de poder utilizar as exceções do art. 26. De quase nada serve essa disposição, se não para criar confusão, propositalmente talvez. É praticamente uma carta branca ao Poder Público.

De qualquer modo, é importante lembrar que o Poder Público não está desincumbido de respeitar os demais princípios da lei, sobretudo os da finalidade, necessidade e adequação, podendo o ato ser considerado nulo se excessivo.

Espera-se que, com base nos artigos 29 e 30, a ANPD estabeleça normas complementares garantindo ao titular maior controle e segurança de seus dados pessoais. Agora, caso opte pelo consentimento, esse deve ser livre, informado e inequívoco. E ser livre em uma relação completamente dispare como a do poder público como titular é algo pouco provável.

Os artigos 31 e 32 tratam da responsabilidade do Poder Público em relação ao tratamento de dados pessoais. Poderá a ANPD:

(a) enviar informe com medidas cabíveis para fazer cessar a violação;

(b) solicitar a agentes do Poder Público a publicação de relatórios de impacto à proteção de dados pessoais;

(c) e sugerir a adoção de padrões e de boas práticas para os tratamentos de dados pessoais pelo Poder Público.

Apesar de não ser obrigação da ANPD, entendemos que as medidas dos itens "b" e "c", devem ser adotadas por todos os entes públicos, sobretudo porque em caso de danos provocados ao titular pelo tratamento indevido dos dados pessoais ou incidente de segurança, ao titular não é retirado o direito de indenização previsto no inciso X do artigo 5º da Constituição Federal[18], e, além, a responsabilidade do poder público é objetiva, não cabendo perquirir culpa. Assim, toda medida que vise implementar boas práticas é fundamental.

O Poder Público ainda poderá estar sujeito às punições previstas nos incisos I, IV, V e VI do artigo 52, quais sejam:

I.   Advertência;

II.   Publicização da infração;

III.   Bloqueio dos dados pessoais;

IV.   Eliminação;

Sem prejuízo de os servidores públicos responderem nos termos da legislação pertinente.

---

[18] X - são invioláveis a intimidade, a vida privada, a honra e a imagem das pessoas, assegurado o direito a indenização pelo dano material ou moral decorrente de sua violação;

III. TRANSFERÊNCIA
INTERNACIONAL DE DADOS

Um dos maiores desafios para a aplicação efetiva de uma legislação de proteção de dados pessoais é o controle sobre o fluxo internacional de dados. A liquidez dos dados permite que sejam transmitidos com uma velocidade enorme para outra jurisdição e o titular, na maioria das vezes, nem fica sabendo aonde suas informações foram parar. Da mesma forma, é impossível coibir o dinamismo da inovação que, muitas vezes utiliza-se de facilidades de *data centers* em outros países, beneficia-se de acordos comerciais com empresas estrangeiras, as quais muitas vezes são responsáveis por aportar capital de investimento, ou mesmo pela própria razão de que a internet não possui fronteiras delineadas, sendo que o dado de uma pessoa natural coletado no Brasil pode estar sendo obtido a partir de uma outra nação.

A solução implementada no GDPR e que inspirou a LGPD para tentar minimizar os riscos aos titulares foi a de criar uma série de regras para que as transferências internacionais possam ser consideradas adequadas. Sem atendimento a tais regras, as transferências são ilegais. Lembrando que se considera internacional a transferência de dados pessoais tanto para país estrangeiro ou organismo internacional do qual o país seja membro.

São nove casos em que o artigo 33 da LGPD permite a transferência internacional de dados. Vejamos:

I - para países ou organismos internacionais que proporcionem grau de proteção de dados pessoais adequado ao previsto nesta Lei;

II - quando o controlador oferecer e comprovar garantias de cumprimento dos princípios, dos direitos do titular e do regime de proteção de dados previstos nesta Lei, na forma de:

a) cláusulas contratuais específicas para determinada transferência;

b) cláusulas-padrão contratuais;

c) normas corporativas globais;

d) selos, certificados e códigos de conduta regularmente emitidos;

III - quando a transferência for necessária para a cooperação jurídica internacional entre órgãos públicos de inteligência, de investigação e de persecução, de acordo com os instrumentos de direito internacional;

IV - quando a transferência for necessária para a proteção da vida ou da incolumidade física do titular ou de terceiro;

V - quando a autoridade nacional autorizar a transferência;

VI - quando a transferência resultar em compromisso assumido em acordo de cooperação internacional;

VII - quando a transferência for necessária para a execução de política pública ou atribuição legal do serviço público, sendo dada publicidade nos termos do inciso I do caput do art. 23 desta Lei;

VIII - quando o titular tiver fornecido o seu consentimento específico e em destaque para a transferência, com informação prévia sobre o caráter internacional da operação, distinguindo claramente esta de outras finalidades; ou

IX - quando necessário para atender as hipóteses previstas nos incisos II, V e VI do art. 7º desta Lei.

O nível de adequação previsto no inciso I deverá ser avaliado pela ANPD. Embora o parágrafo único do art. 33 mencione que as pessoas jurídicas de direito público poderão requerer à autoridade nacional a avaliação do nível de proteção a dados pessoais conferido por país ou organismo internacional, entendemos que essa deve ser uma medida obrigatória como cautela do ente público. Nada impede também que as pessoas jurídicas de direito privado, na ausência de uma avaliação prévia do nível de adequação pela ANPD de determinado país ou organismo internacional (art. 34), façam o mesmo tipo de requerimento. Até porque, cabe à ANPD responder a consultas apresentadas pelos agentes de tratamento, vez que cabe a ela *"deliberar, na esfera administrativa, sobre a interpretação desta Lei, suas competências e os casos omissos"*, bem como *"zelar pela proteção dos dados pessoais"* e *"difundir na sociedade o conhecimento sobre as normas e as políticas públicas de proteção de dados pessoais e sobre as medidas de segurança"* (incisos I, III e IX do art. 55-J),

Ao avaliar o nível de adequação, a ANPD deverá levar em consideração:

I.   as normas gerais e setoriais da legislação em vigor no país de destino ou no organismo internacional;

II. a natureza dos dados;

III. a observância dos princípios gerais de proteção de dados pessoais e direitos dos titulares previstos nesta Lei;

IV. a adoção de medidas de segurança previstas em regulamento;

V.   a existência de garantias judiciais e institucionais para o respeito aos direitos de proteção de dados pessoais; e

VI.   outras circunstâncias específicas relativas à transferência.

Não poderá ser admitida a transferência para países em que não houver tratado de cooperação em matéria cível, o que dificultaria eventual medida de defesa dos direitos dos titulares, ainda que o país tenha legislação e fiscalização efetiva sobre proteção de dados pessoais. A LGPD é bem mais amena no tocante à aferição do nível de adequação do que o GDPR. Assim, se determinado país, tendo tratado de cooperação com o Brasil, é adequado para a GDPR, certamente deverá também assim ser considerado pela ANPD.

Caberá à ANPD definir (art. 35) o conteúdo das "cláusulas-padrão contratuais, bem como a verificação de cláusulas contratuais específicas para uma determinada transferência, normas corporativas globais ou selos, certificados e códigos de conduta", demonstrando ainda mais a importância de sua criação, independência e necessidade de estar em operação antes mesmo do início da vigência da LGPD, tal como ficou previsto pela redação dada pela MP 869[19].

Poderá a ANPD designar organismos de certificação para as definições previstas no art. 35, permanecendo no dever de fiscalização, podendo revisar os atos e até mesmo anulá-los.

---

[19] "Art. 65. Esta Lei entra em vigor:

I - quanto aos art. 55-A, art. 55-B, art. 55-C, art. 55-D, art. 55-E, art. 55-F, art. 55-G, art. 55-H, art. 55-I, art. 55-J, art. 55-K, art. 58-A e art. 58-B, no dia 28 de dezembro de 2018; e

Também deverão ser levadas em consideração, na verificação das garantias de cumprimento dos princípios de proteção de dados pessoais, as medidas técnicas e organizacionais implementadas pelo operador. Exemplo típico é o caso de uma operação de armazenamento na nuvem, vez que as empresas que ofertam esse serviço são operadores em relação ao cliente, mas não se eximem das boas práticas de segurança (art. 46).

Ainda, a transferência poderá ser realizada, mediante consentimento específico e destacado das demais cláusulas, ou (a) para o cumprimento de obrigação legal ou regulatória pelo controlador; (b) quando necessária para a execução de contrato ou de procedimentos preliminares relacionados a contrato do qual seja parte o titular, a pedido do titular dos dados; (c) para o exercício regular de direitos em processo judicial, administrativo ou arbitral.

IV. AGENTES DE TRATAMENTO

1. Quem são os controladores e os operadores

O artigo 5º, inciso IX, da LGPD considera como agentes de tratamento os controladores e os operadores. O capítulo VI da lei, ao adentrar nas obrigações e peculiaridades de cada figura, também aborda a função do encarregado, o qual, embora não seja um agente de tratamento, haja vista não responder diretamente pelos atos em relação aos titulares, é figura importante vinculada ao controlador e, portanto, também falaremos dela nesse capítulo.

É controlador, portanto, "toda pessoa natural ou jurídica, de direito público ou privado, a quem competem as decisões referentes ao tratamento de dados pessoais" (art. 5º, VI) e, operador é a "pessoa natural ou jurídica, de direito público ou privado, que realiza o tratamento de dados pessoais em nome do controlador" (art. 5º VII).

O operador sempre age conforme diretrizes traçadas pelo controlador, não tendo qualquer ingerência sobre o tratamento dos dados do titular, cujos propósitos são definidos tão somente pelo controlador. Assim, é o controlador quem vai definir as finalidades do tratamento, se, por exemplo, utilizará os dados pessoais de seus clientes para enviar marketing ou se apenas para contatos relacionados ao contrato porventura firmado. É o controlador quem deverá cuidar para que os dados sejam tratados segundo as informações que expôs ao titular e, portanto, tem o dever de traçar os limites para o operador em cláusulas contratuais robustas, que também definam as formas de atendimento dos direitos dos titulares, como adiante veremos.

Antes, dada a enorme importância que é definir se um agente de tratamento é controlador ou operador num processo de implementação de conformidade, trazemos ao leitor alguns exemplos ilustrativos:

EXEMPLOS PRÁTICOS	
CONTROLADOR	**OPERADOR**
Site de e-commerce	Google Analytics
Escritório de advocacia	Sistema de e-mail marketing (mailchimp, etc)
Estabelecimentos de saúde	Software de gestão
Aplicativos e jogos	Folha de pagamento pelo sistema do banco

Não é a função ou natureza da empresa que definirá se é controlador ou operador e sim, a realidade na operação de tratamento.

Assim, em determinada situação um agente pode ser operador, porém controlador em outra. Por exemplo, se é a empresa X que oferta aos seus clientes um software de gestão de recursos humanos certamente é operador em relação aos dados dos empregados alimentados pela contratante na plataforma. Não poderá a empresa X usar os dados pessoais dos funcionários da contratante Y para outras finalidades que não aquelas devidamente definidas pela Y. Isso porque quem é controlador dos dados pessoais dos empregados é a contratante e não a empresa de software, que não tem qualquer relação com os funcionários daquela. No entanto, a empresa X de software, detém controle sobre os dados dos usuários da plataforma, ou seja, aqueles prepostos da empresa Y que utilizaram o sistema e, desses, ela coleta informações pessoais para viabilizar a prestação do serviço, sendo, controlador desses dados. A empresa X poderá enviar e-mails aos usuários do sistema ou até mesmo utilizar seus dados para envio de publicidade (respeitados os princípios da lei, sobretudo finalidade, necessidade e adequação). Nada poderá fazer em relação aos dados dos funcionários da empresa Y, contratante, porquanto apenas disponibiliza o sistema com funções que serão utilizadas a critério da contratante, controladora que é dos dados de seus funcionários.

A melhor forma de se definir a função do agente de tratamento é analisar os dados coletados e, a partir desses perquirir sobre quem define os propósitos de utilização e tratamento daqueles dados e quem atua apenas em nome de quem definiu. Haverá situações, no entanto, em que dois agentes poderão compartilhar funções de controlador a partir dos mesmos dados dos titulares. Exemplo clássico é o de uma agência de turismo que é controladora em relação aos dados dos seus clientes, porém quando os passa à empresa aérea, essa também controla os dados, haja vista que é ela quem definirá voo, assentos, enfim, decidirá os limites e propósitos de utilização dos dados do passageiro, ainda que conjuntamente à agência.

Para melhor compreensão, calha trazer a definição mais completa trazida pelo GDPR. Controlador, segundo o regulamento europeu (artigo 4º, 7), é:

> "a pessoa singular ou coletiva, a autoridade pública, a agência ou outro organismo que, individualmente ou em conjunto com outras, determina as finalidades e os meios de tratamento de dados pessoais; sempre que as finalidades e os meios desse tratamento sejam determinados pelo direito da União ou de um Estado-Membro, o responsável pelo tratamento ou os critérios específicos aplicáveis à sua

nomeação podem ser previstos pelo direito da União ou de um Estado-Membro;

Operador, que na norma europeia é denominado como processador (artigo 4º, 8), é:

"uma pessoa singular ou coletiva, a autoridade pública, agência ou outro organismo que trate os dados pessoais por conta do responsável pelo tratamento destes"

2. Obrigações dos controladores e operadores

A maior parte das obrigações da lei recai, naturalmente, sobre o controlador, uma vez que é ele que possui a relação direta com o titular dos dados. Ao operador recaem obrigações acessórias, as quais devem estar, na maioria, definidas em contrato firmado com o controlador, para que possa atender às necessidades desse de forma rápida e plena, a fim de evitar que o controlador seja punido por tratamento indevido dos dados pessoais.

Tanto o controlador como o operador devem manter registro (art. 37) das operações de tratamento, especialmente quando baseado no legítimo interesse. Recomenda-se o registro em todas as situações, até mesmo para ressalva de responsabilidades.

O controlador poderá ser obrigado a elaborar relatório de impacto à proteção de dados pessoais[20] pela autoridade nacional (art. 38),

---

[20] Art. 5º, inciso XVII. Relatório de impacto à proteção de dados pessoais: documentação do controlador que contém a descrição dos processos de tratamento de dados pessoais que podem gerar riscos às liberdades civis e aos direitos fundamentais, bem como medidas,

quando o tratamento tiver como fundamento seu interesse legítimo (art. 10, §3º), em situações que possam gerar riscos às liberdades civis e aos direitos fundamentais, inclusive em caso de tratamento de dados sensíveis. O relatório de impacto deverá, a nosso entender, sempre ser adotado, independente de determinação da ANPD quando houver tratamento de dados que possam gerar riscos ao titular. O parágrafo único do artigo 38 estabelece que o relatório deverá conter, minimamente:

(a) descrição dos tipos de dados coletados;

(b) a metodologia utilizada para a coleta e para a garantia da segurança das informações;

(c) e a análise do controlador com relação a medidas, salvaguardas e mecanismos de mitigação de risco adotados.

O GDPR, inclusive, exige a avaliação de impacto antes de iniciar o tratamento, submetendo-a à autoridade competente, quando for suscetível de implicar um elevado risco para os direitos e liberdades dos titulares[21], sendo obrigatória nos seguintes casos:

(a) Avaliação sistemática e completa dos aspectos pessoais relacionados com pessoas singulares, baseada no

---

salvaguardas e mecanismos de mitigação de risco;

[21] Artigo 35º. Avaliação de impacto sobre a proteção de dados

1.   Quando um certo tipo de tratamento, em particular que utilize novas tecnologias e tendo em conta a sua natureza, âmbito, contexto e finalidades, for suscetível de implicar um elevado risco para os direitos e liberdades das pessoas singulares, o responsável pelo tratamento procede, antes de iniciar o tratamento, a uma avaliação de impacto das operações de tratamento previstas sobre a proteção de dados pessoais. Se um conjunto de operações de tratamento que apresentar riscos elevados semelhantes, pode ser analisado numa única avaliação.

tratamento automatizado, incluindo a definição de perfis, sendo com base nela adotadas decisões que produzem efeitos jurídicos relativamente à pessoa singular ou que a afetem significativamente de forma similar;

(b) Operações de tratamento em grande escala de categorias especiais de dados ou de dados pessoais relacionados com condenações penais e infrações a que se refere o artigo 10.o; ou

(c) Controle sistemático de zonas acessíveis ao público em grande escala.

Como a ANPD poderá definir critérios semelhantes em futuro regulamento, é fundamental sempre buscarmos o exemplo do GDPR, porquanto norma que notadamente inspirou nossa legislação.

Abaixo, separamos alguns deveres dos agentes de tratamento, sejam impostos pela lei, seja que deverão estar previstos em contrato com o operador. Vejamos:

	OBRIGAÇÕES GERAIS	
	CONTROLADOR	**OPERADOR**
Limites para tratamento	tratar dados com base legal definida	tratar dados conforme propósitos definidos pelo controlador
Registros	registro das atividades	registro das atividades
Relatório de Impacto	elaborar relatório de impacto como boa prática e força legal	elaborar relatório de impacto como boa prática
Encarregado	indicar encarregado	definir em contrato pessoa responsável pela comunicação com o controlador
Direitos dos titulares	atender aos direitos dos titulares	colaborar com o controlador
Incidentes	comunicar à autoridade nacional e ao titular a ocorrência de incidente de segurança que possa acarretar risco ou dano relevante aos titulares.	informar ao controlador casos de incidentes
Boas práticas de segurança	adotar medidas de segurança, técnicas e administrativas aptas a proteger os dados pessoais de acessos não autorizados e de situações acidentais ou ilícitas de destruição, perda, alteração, comunicação ou qualquer forma de tratamento inadequado ou ilícito.	adotar medidas de segurança, técnicas e administrativas aptas a proteger os dados pessoais de acessos não autorizados e de situações acidentais ou ilícitas de destruição, perda, alteração, comunicação ou qualquer forma de tratamento inadequado ou ilícito.
Programa de Governança em privacidade	implementar Programa de Governança em Privacidade, observadas a estrutura, a escala e o volume de suas operações, bem como a sensibilidade dos dados tratados e a probabilidade e a gravidade dos danos para os titulares dos dados	Receber e estar ciente do Programa de Governança adotado pelo controlador

3. O encarregado pelo tratamento de dados pessoais

Obrigação apenas do controlador[22], a LGPD não faz qualquer ressalva quanto ao porte da empresa, volume ou tipos de dados pessoais tratados, restando portanto, a princípio, uma obrigação geral, até que a autoridade nacional possa vir a dispensar a necessidade de sua indicação para situações específicas, as quais, devem considerar o porte da entidade e o volume de operações de tratamento, a fim de não inviabilizar economicamente novos negócios (art. 41§3º).

O encarregado, que poderá ser uma pessoa natural ou jurídica (art. 5º, VIII)[23], uma vez escolhido internamente ou contratado terceirizado, deve ter suas informações de contato e identidade expostas publicamente, de forma clara e objetiva e preferencialmente no sítio eletrônico do controlador (art. 41, §1º).

O encarregado atua como canal de comunicação entre o controlador, titulares dos dados e a autoridade nacional e tem como atividades básicas:

---

[22] Embora haja a possiblidade de entendimento em relação ao operador de dados pessoais quando o controlador é o poder público, conforme tratamos anteriormente, pela redação do art. 26, §1º, inciso III da LGPD.

[23] *VIII - encarregado: pessoa indicada pelo controlador para atuar como canal de comunicação entre o controlador, os titulares dos dados e a Autoridade Nacional de Proteção de Dados;* Redação dada pela MP 869, ampliando a possibilidade de encarregado pessoa jurídica, tal como no GPDR.

i. aceitar reclamações e comunicações dos titulares, prestar esclarecimentos e adotar providências;

ii. receber comunicações da autoridade nacional e adotar providências;

iii. orientar os funcionários e os contratados da entidade a respeito das práticas a serem tomadas em relação à proteção de dados pessoais; e

iv. executar as demais atribuições determinadas pelo controlador ou estabelecidas em normas complementares.

O GDPR traz a obrigação de encarregado, lá chamado de Data Protection Officer, também para os processadores/operadores. A nossa LGPD prevê apenas para o controlador ou para processadores atuando com o Poder Público (art. 26, §1º, III). Todavia, a figura do encarregado ou semelhante pode vir a ser exigida pelo controlador com base no contrato firmado, como forma de agilizar a comunicação.

O encarregado deve possuir liberdade, não podendo ser penalizado por estar exercendo suas funções e, por isso, ainda que não seja vedado pela lei, é prudente não utilizar funcionário celetista, haja vista que esse, por não possuir estabilidade expressa na lei ao exercer tal mister, poderia sentir-se coagido em determinadas situações. Ainda, o encarregado deve agir sem conflito de interesse, devendo, por exemplo, evitar determinadas medidas por receio de perder o contrato. Em termos de capacidade técnica e conhecimento sugere-se que o encarregado tenha conhecimentos jurídicos e do ambiente regulatório relacionado a dados pessoais e habilidades para realizar as atividades previstas.

4. Da Responsabilidade e do Ressarcimento de Danos

Tanto o controlador como o operador estão obrigados a reparar os danos causados em violação à legislação de proteção de dados pessoais, sejam morais, patrimoniais, individuais ou coletivos (art. 42). O encarregado não responde pelos danos provocados pelos controladores ou operadores aos titulares, porém responderá em eventual ação de regresso por vício na prestação do serviço. Direito de regresso que também é assegurado àquele que reparar o dano ao titular contra os demais responsáveis (art. 42, §4º).

O operador responderá solidariamente ao controlador quando descumprir as obrigações da legislação de proteção de dados ou descumprir as instruções lícitas do controlador (art. 42, §1º, I). E, todos os controladores que estiverem envolvidos no tratamento do qual decorreram danos ao titular respondem solidariamente. O objetivo da lei é dar maior efetividade nas indenizações aos titulares e, portanto, caberá aos agentes um cuidado redobrado na celebração dos contratos e definição das obrigações de cada parte, com mecanismos de controle e gerenciamento de forma a mitigar potenciais danos.

O §2º do art. 42 prevê que o juiz, "no processo civil, poderá inverter o ônus da prova a favor do titular dos dados quando, a seu juízo, for verossímil a alegação, houver hipossuficiência para fins de produção de prova ou quando a produção de prova pelo titular resultar-lhe excessivamente onerosa", o que a nosso ver, deve ser aplicado em praticamente todas as situações de violação da lei, uma vez que raramente o titular dos dados terá condições de provar eventual ilicitude. Mesmo em casos mais simples, caberá sempre ao agente demonstrar a licitude de suas operações, ainda que não haja essa inversão do ônus, sobretudo quando necessário demonstrar o consentimento, por força do §2º do art. 8º da lei.

Os agentes somente não serão responsabilizados quando comprovarem (art. 43):

i. que não realizaram o tratamento de dados pessoais que lhes é atribuído;

ii. que, embora tenham realizado o tratamento de dados pessoais que lhes é atribuído, não houve violação à legislação de proteção de dados; ou

iii. que o dano é decorrente de culpa exclusiva do titular dos dados ou de terceiro.

O artigo 44 amplia as situações de irregularidade no tratamento de dados pessoais, prevendo que também será ilícito o tratamento que não fornecer a segurança que o titular dele pode esperar, consideradas as circunstâncias relevantes, entre as quais: (a) *o modo pelo qual é realizado; (b) resultado e os riscos que razoavelmente dele se esperam; e (c) as técnicas de tratamento de dados pessoais disponíveis à época em que foi realizado.*

Inclusive, a não adoção das medidas de segurança previstas no capítulo VII, sujeita os agentes à responsabilização, embora entendamos que a adoção das medidas não exclui sua responsabilidade completamente, dada a teoria do risco do negócio, sendo responsabilidade objetiva para controladores e operadores, uma vez que não se deixa de aplicar as normas consumeristas (art. 45). Certo, no entanto, que a adoção de boas práticas contribuirá para reduzir casos de incidente, bem como será considerada na quantificação da indenização, como já o é para fins de sanções administrativas[24].

---

[24] Art. 52. § 1o As sanções serão aplicadas após procedimento administrativo que possibilite a oportunidade da ampla defesa, de forma gradativa, isolada ou cumulativa, de acordo com as peculiaridades do caso concreto e considerados os seguintes parâmetros e critérios:

VIII - a adoção reiterada e demonstrada de mecanismos e procedimentos internos capazes de minimizar o dano, voltados ao tratamento seguro e adequado de dados, em consonância com o disposto no inciso II do § 2o do art. 48 desta Lei;

V. DA SEGURANÇA E BOAS PRÁTICAS

1. Medidas de segurança técnicas e administrativas

O artigo 46 traz como obrigação tanto a controladores como a operadores a adoção de "medidas de segurança, técnicas e administrativas aptas a proteger os dados pessoais de acessos não autorizados e de situações acidentais ou ilícitas de destruição, perda, alteração, comunicação ou qualquer forma de tratamento inadequado ou ilícito".

É comum ouvirmos de quem não está efetivamente preparado para lidar com proteção a dados pessoais, de que para conformidade com a lei, é preciso implementar medidas tecnológicas e, para tanto, passa a ser um nicho próprio para quem lida com tecnologia da informação. Obviamente a equipe de T.I. deve estar envolvida num processo de *compliance* em dados pessoais, porém ela não pode e nem deve permanecer com o foco de atenção. A implementação da segurança e boas práticas passa por medidas técnicas, porém há necessidade de implementação de medidas administrativas, talvez até mais importantes do que os aspectos técnicos, como softwares de controle de acesso e firewalls.

Muitos dos incidentes de segurança não estão relacionados a falhas de sistema informático e sim a erros provocados por falhas humanas. Assim, de nada adianta o investimento em softwares avançadíssimos se os colaboradores não estão envolvidos com a proteção à privacidade. Não à toa que um programa de governança em privacidade é sempre construído a partir do topo, conscientizando a alta gestão, para depois ir conscientizando toda a equipe, para que o que for previsto no programa seja de fato incorporado às práticas diárias.

Poderá a ANPD definir padrões técnicos mínimos para cada tipo de informação tratada ou para características específicas do tratamento, sempre considerando estado atual da tecnologia, sobretudo para dados pessoais sensíveis (art. 46, §1º).

2. Privacy by design

As medidas técnicas e administrativas devem ser pensadas desde a concepção do produto ou do serviço até a sua execução. É o que o GPDR denomina de "Privacy by design" (art. 46, §2º). Assim, de nada adianta implementar boas políticas de governança se, por exemplo, o aplicativo tiver sido desenvolvido repleto de vulnerabilidades do ponto de vista da privacidade. Da mesma forma, o sistema deve ser estruturado de modo a "atender aos requisitos de segurança, aos padrões de boas práticas e de governança e aos princípios gerais previstos nesta Lei e às demais normas regulamentares" (art. 49).

A adoção do "Privacy by design", segundo a idealizadora da expressão, Ann Cavoukian[25], deve atender aos seguintes requisitos:

---

[25] https://www.ipc.on.ca/wp-content/uploads/resources/7foundationalprinciples.pdf. Acessado em 01 de abril de 2019.

i.   Ser proativo, não reativo;

ii.   Privacidade como configuração padrão, a opção para tornar algo público deve ser posterior;

iii.   Privacidade incorporada ao design;

iv.   Considerar todos os interesses envolvidos, sobretudo o do titular;

v.   Segurança de ponta a ponta, durante todo o ciclo de vida do produto ou serviço;

vi.   Preservação da visibilidade e transparência;

vii.   Respeito à privacidade do titular.

Não se trata de medida apenas técnica e de programação algorítmica, mas relativa a todo o planejamento da exploração comercial ou não do referido produto ou serviço.

3. Comunicação em casos de incidentes

Caberá ao controlador o dever de comunicar à autoridade nacional e também ao titular sempre que ocorrer um incidente de segurança que possa acarretar risco ou dano relevante aos titulares, em prazo razoável, que poderá ser definido pela autoridade nacional e mencionará, no mínimo:

i.   a descrição da natureza dos dados pessoais afetados;

ii.   as informações sobre os titulares envolvidos;

iii.   a indicação das medidas técnicas e de segurança utilizadas para a proteção dos dados, observados os segredos comercial e industrial;

iv.   os riscos relacionados ao incidente;

v.   os motivos da demora, no caso de a comunicação não ter sido imediata; e

vi.   as medidas que foram ou que serão adotadas para reverter ou mitigar os efeitos do prejuízo.

Importante lembrar que um incidente de segurança não é apenas quando ocorre ataques hackers, como muitos imaginam. Incidente de segurança é qualquer fato que possa comprometer a integridade dos dados pessoais ou sua utilização por pessoas desautorizadas, como por exemplo, um incêndio ou mesmo uma foto da tela de um sistema com dados de um cliente e divulgado em um mensageiro instantâneo como Whatsapp.

Diferentemente do GDPR, a legislação brasileira não fixou prazo para comunicação, bem como limitou o dever de comunicação apenas aos casos em que o incidente possa "acarretar risco ou dano relevante aos titulares" e tanto para a autoridade como ao próprio titular. A norma europeia estabelece o prazo de 72 horas e, ainda, obriga o controlador a comunicar apenas à autoridade de proteção, nos casos de risco aos direitos e liberdades individuais. Caso represente um alto risco aos titulares, deverão esses também ser comunicados. A LGPD determina a comunicação sempre à autoridade e ao titular nos casos de risco ou dano relevante.

Podemos compreender tais situações como aquelas em que o incidente possa acarretar ao titular a perda de controle sobre seus dados, a limitação de seus direitos, a discriminação, o roubo ou usurpação da identidade, perdas financeiras, a inversão não autorizada da pseudonimização, danos para a reputação, a perda de confidencialidade de dados pessoais protegidos por sigilo profissional ou qualquer outra desvantagem econômica ou social significativa das pessoas singulares[26].

A partir de cada caso concreto deverá o controlador refletir sobre os riscos envolvidos para então decidir se é caso ou não de comunicação aos titulares. É sempre uma tarefa difícil, haja vista que casos de incidente refletem na reputação da empresa, porém encobrir o fato poderá custar ainda mais caro à reputação, sem falar nas sanções caso a autoridade posteriormente entenda que era caso de comunicação por risco ou dano relevante ao titular.

Quando a autoridade nacional for comunicada ou tiver ciência de um incidente por qualquer meio, poderá determinar a adoção de providências a depender da gravidade, tais como (art. 48, §2°):

i.   ampla divulgação do fato em meios de comunicação; e

ii.   medidas para reverter ou mitigar os efeitos do incidente.

No juízo de gravidade a autoridade também analisará eventuais medidas técnicas adequadas que tornem os dados pessoais ininteligíveis, no âmbito e nos limites técnicos de seus serviços, para terceiros não autorizados a acessá-los. É o caso, por exemplo, de se criptografar os

---

26 Considerando 85 do GDPR.

dados pessoais, sobretudo senhas, de forma que um vazamento em nada poderá acarretar danos, já que os dados serão inúteis a quem acessar.

4. Governança em privacidade

Os incisos I e II do artigo 50 estabelecem que um programa de governança em privacidade deve conter, no mínimo:

i. demonstre o comprometimento do controlador em adotar processos e políticas internas que assegurem o cumprimento, de forma abrangente, de normas e boas práticas relativas à proteção de dados pessoais;

ii. seja aplicável a todo o conjunto de dados pessoais que estejam sob seu controle, independentemente do modo como se realizou sua coleta;

iii. seja adaptado à estrutura, à escala e ao volume de suas operações, bem como à sensibilidade dos dados tratados;

iv. estabeleça políticas e salvaguardas adequadas com base em processo de avaliação sistemática de impactos e riscos à privacidade;

v. tenha o objetivo de estabelecer relação de confiança com o titular, por meio de atuação transparente e que assegure mecanismos de participação do titular;

vi. esteja integrado a sua estrutura geral de governança e estabeleça e aplique mecanismos de supervisão internos e externos;

vii. conte com planos de resposta a incidentes e remediação; e

viii.   seja atualizado constantemente com base em informações obtidas a partir de monitoramento contínuo e avaliações periódicas;

ix.   seja passível de comprovação (accountability).

A adoção de boas práticas e um programa de governança em privacidade é fator considerado na aplicação das sanções, conforme dissemos anteriormente. Isso porque um programa com tal escopo tem a capacidade de criar uma cultura de proteção à privacidade em uma organização, e de definir os procedimentos internos visando proteger esse valor, que passa a integrar os propósitos da companhia. Obviamente, deverá ser compatível com o porte da organização e com o tipo e o volume dos dados tratados.

A comprovação das medidas implementadas é um fator extremamente relevante. Ou seja, todos os treinamentos e procedimentos devem ser documentados de forma que possam ser apresentados às autoridades, investidores e outros reguladores, como também aos próprios titulares de dados.

VI. DA FISCALIZAÇÃO, SANÇÕES E CONSEQUENCIAS PELO DESCUMPRIMENTO DA LEI.

Embora sejam as sanções as mais propaladas como fator para obrigar as organizações a entrarem em conformidade com a LGPD, é preciso lembrar que a cultura da proteção dos dados pessoais e implementação das medidas previstas na lei, garante ao controlador a confiança de seus consumidores, gerando oportunidade de mercado. Ou seja, a adequação não deve ser apenas para evitar sanções ou responsabilidade civil, vez que as organizações devem se adequar para valorizarem sua reputação perante o mercado consumidor.

A LGPD, embora possua sanções pesadas, sopesa as punições àquelas empresas que possuem os cuidados mínimos com os dados pessoais dos titulares a elas confiados. E é essa balança e compreensão de que incidentes de segurança são impossíveis de serem evitados completamente, que faz com que a regulamentação seja protetiva à privacidade sem impedir a inovação e os negócios forjados em informações pessoais.

Como vimos no capítulo anterior, os agentes de tratamento estão sujeitos à responsabilização civil pelo tratamento ilícito dos dados pessoais. Sem prejuízo, podem ser aplicadas sanções administrativas previstas no art. 52 da LGPD, aplicáveis pela autoridade nacional. Estão previstas as seguintes sanções:

i.   advertência, com indicação de prazo para adoção de medidas corretivas;

ii.   multa simples, de até 2% (dois por cento) do faturamento da pessoa jurídica de direito privado, grupo ou conglomerado no Brasil no seu último exercício, excluídos os tributos, limitada, no total, a R$ 50.000.000,00 (cinquenta milhões de reais) por infração;

iii.   multa diária, observado o limite total a que se refere o inciso II;

iv.   publicização da infração após devidamente apurada e confirmada a sua ocorrência;

v.   bloqueio dos dados pessoais a que se refere a infração até a sua regularização;

vi.   eliminação dos dados pessoais a que se refere a infração;

As sanções poderão ser aplicadas de forma gradativa, isolada ou cumulativa, de acordo com o caso concreto.

Interessante notar que o teto máximo de valor pecuniário para aplicação da multa prevista no inciso II é por infração e, em um mesmo procedimento administrativo, poderão ser encontradas várias infrações a partir de uma mesma denúncia. Por exemplo, um incidente de vazamento de dados em que, no decorrer do procedimento, seja apurado que também havia um tratamento de dados pessoais excessivo ou desproporcional. Poderá haver uma infração pelo incidente e outra pela ilicitude do tratamento. Ainda, a autoridade nacional *"poderá considerar o faturamento total da empresa ou grupo de empresas, quando não dispuser do valor do faturamento no ramo de atividade empresarial em que ocorreu a infração, definido pela autoridade nacional, ou quando o valor for apresentado de forma incompleta ou não for demonstrado de forma inequívoca e idônea."*

Ainda é importante notar que serão considerados alguns fatores na gradação da sanção, quais sejam:

i.   a gravidade e a natureza das infrações e dos direitos pessoais afetados;

ii. a boa-fé do infrator;

iii. a vantagem auferida ou pretendida pelo infrator;

iv. a condição econômica do infrator;

v.   a reincidência;

vi. o grau do dano;

vii. a cooperação do infrator;

viii. a adoção reiterada e demonstrada de mecanismos e procedimentos internos capazes de minimizar o dano, voltados ao tratamento seguro e adequado de dados, em consonância com o disposto no inciso II do § 2o do art. 48 desta Lei;

ix. a adoção de política de boas práticas e governança;

x.   a pronta adoção de medidas corretivas; e

xi. a proporcionalidade entre a gravidade da falta e a intensidade da sanção.

Vejam que, conforme falamos anteriormente, a adoção de boas práticas e governança, de mecanismos e procedimentos internos capazes de minimizar o dano, como implementação de medidas corretivas e a cooperação do infrator - elementos presentes um bom programa de governança em privacidade - são medidas salutares, vez serem fatores de redução de sanções e devem ser realizadas, ainda que não haja obrigação legal para determinada organização.

Ao poder público poderão ser aplicadas as mesmas sanções, exceto as pecuniárias, sem prejuízo, todavia, das sanções previstas na Lei n° 8.112, de 11 de dezembro de 1990 (Estatuto do Servidor Público Federal), na Lei n° 8.429, de 2 de junho de 1992 (Lei de Improbidade Administrativa), e na Lei n° 12.527, de 18 de novembro de 2011 (Lei de Acesso à Informação).

Por fim, em caso de multa diária, o valor deve observar a gravidade da falta e a extensão do dano ou prejuízo causado, e a intimação para cumprimento deverá descrever a obrigação imposta com prazo razoável para cumprimento.

VII. A AUTORIDADE NACIONAL DE PROTEÇÃO DE DADOS PESSOAIS

Em 16 de agosto de 2018, quando sancionada a Lei Geral de Proteção de Dados, iniciou-se uma polêmica sobre a efetividade de suas regras, tendo em vista o veto presidencial à criação da Autoridade Nacional de Proteção de Dados Pessoais. Isso porque a autoridade não teria apenas a função de aplicar as sanções – lembramos que não devem ser as sanções as únicas motivações para as organizações buscarem adequação – como também, e principalmente, a de regulamentar pontos fundamentais da lei, definindo padrões técnicos e procedimentos.

A criação de uma autoridade de proteção de dados é, inclusive, um dos requisitos para considerar um país adequado para tratar dados sob o espeque da legislação europeia[27], que prevê além da existência de

---

[27] 2.   Ao avaliar a adequação do nível de proteção, a Comissão tem nomeadamente em conta os seguintes elementos:

a) | O primado do Estado de direito, o respeito pelos direitos humanos e liberdades fundamentais, a legislação pertinente em vigor, tanto a geral como a setorial, nomeadamente em matéria de segurança pública, defesa, segurança nacional e direito penal, e respeitante ao acesso das autoridades públicas a dados pessoais, bem como a aplicação dessa legislação e das regras de proteção de dados, das regras profissionais e das medidas de segurança, incluindo as regras para a transferência ulterior de dados pessoais para outro país terceiro ou organização internacional, que são cumpridas nesse país ou por essa organização internacional, e a jurisprudência, bem como os direitos dos titulares dos dados efetivos e oponíveis, e vias de recurso administrativo e judicial para os titulares de dados cujos dados pessoais sejam objeto de transferência; b) | A existência e o efetivo funcionamento de uma ou mais autoridades de controlo independentes no país terceiro ou às quais esteja sujeita uma organização internacional, responsáveis por assegurar e impor o cumprimento das regras de proteção de dados, e dotadas de poderes coercitivos adequados para assistir e aconselhar os titulares dos dados no exercício dos seus direitos, e cooperar com as autoridades de controlo dos Estados-Membros; e um sistema jurídico protetivo, também a existência de autoridades de controle.

Em 27 de dezembro de 2018, no apagar das luzes do Governo Michel Temer, foi editada a Medida Provisória nº 869, a qual teve como principal objetivo – embora também tenha alterado outros artigos, sobretudo flexibilizando obrigações do poder público – criar a autoridade nacional de proteção de dados.

No entanto, a ANPD criada não seguiu os moldes do projeto original, para o qual a autoridade seria "integrante da administração pública federal indireta, submetida a regime autárquico especial e vinculada ao Ministério da Justiça" (art. 55), com "independência administrativa, ausência de subordinação hierárquica, mandato fixo e estabilidade de seus dirigentes e autonomia financeira"(§3º, art. 55).

A MP 869, no entanto, criou a autoridade como órgão da administração pública federal integrante da Presidência da República, preservando apenas sua autonomia técnica e, pior, sem estabilidade de seus diretores, que passaram a ser indicados pelo presidente, o qual também poderá afastar o diretor preventivamente, antes mesmo de julgamento de procedimento administrativo disciplinar. A Medida Provisória, de qualquer modo, será submetida à apreciação do Congresso Nacional e poderá ser revista para, minimamente, manter a redação original, restaurando a sua autonomia administrativa e financeira.

Compete à autoridade:

i.   zelar pela proteção dos dados pessoais;

ii.   editar normas e procedimentos sobre a proteção de dados pessoais;

iii.   deliberar, na esfera administrativa, sobre a interpretação desta Lei, suas competências e os casos omissos;

iv.   requisitar informações, a qualquer momento, aos controladores e operadores de dados pessoais que realizem operações de tratamento de dados pessoais;

v.   implementar mecanismos simplificados, inclusive por meio eletrônico, para o registro de reclamações sobre o tratamento de dados pessoais em desconformidade com esta Lei;

vi.   fiscalizar e aplicar sanções na hipótese de tratamento de dados realizado em descumprimento à legislação, mediante processo administrativo que assegure o contraditório, a ampla defesa e o direito de recurso;

vii.   comunicar às autoridades competentes as infrações penais das quais tiver conhecimento;

viii.   comunicar aos órgãos de controle interno o descumprimento do disposto nesta Lei praticado por órgãos e entidades da administração pública federal;

ix.   difundir na sociedade o conhecimento sobre as normas e as políticas públicas de proteção de dados pessoais e sobre as medidas de segurança;

x.   estimular a adoção de padrões para serviços e produtos que facilitem o exercício de controle e proteção dos titulares sobre seus dados pessoais, consideradas as especificidades das atividades e o porte dos controladores;

xi.   elaborar estudos sobre as práticas nacionais e internacionais de proteção de dados pessoais e privacidade;

xii.	promover ações de cooperação com autoridades de proteção de dados pessoais de outros países, de natureza internacional ou transnacional;

xiii.	realizar consultas públicas para colher sugestões sobre temas de relevante interesse público na área de atuação da ANPD;

xiv.	realizar, previamente à edição de resoluções, a oitiva de entidades ou órgãos da administração pública que sejam responsáveis pela regulação de setores específicos da atividade econômica;

xv.	articular-se com as autoridades reguladoras públicas para exercer suas competências em setores específicos de atividades econômicas e governamentais sujeitas à regulação; e

xvi.	elaborar relatórios de gestão anuais acerca de suas atividades.

A adoção de mecanismos simplificados por meio eletrônico para receber reclamações sobre tratamento de dados pessoais em desconformidade com a lei promete trazer maior agilidade e efetividade às suas previsões. Os procedimentos administrativos deverão obedecer ao contraditório e ampla defesa, com direito a recurso, e deverão adotar o sigilo das informações, sobretudo para proteger o segredo empresarial. As reclamações poderão ser analisadas de forma agregada ou individualizada, e as providências poderão ser adotadas de forma padronizada.

Ainda que não impeça a atuação de outros órgãos, como os de proteção ao consumidor, o artigo 55-K, confere exclusivamente à ANPD a aplicação das sanções, sendo o órgão central de interpretação da lei e do estabelecimento de normas e diretrizes para sua implementação.

A ANPD, pela redação da MP 869, será composta por:

(a) Conselho Diretor, órgão máximo de direção;

(b) Conselho Nacional de Proteção de Dados Pessoais e da Privacidade;

(c) Corregedoria;

(d) Ouvidoria;

(e) órgão de assessoramento jurídico próprio; e

(f) unidades administrativas e unidades especializadas necessárias à aplicação do disposto nesta Lei.

Sendo o Conselho Nacional de Proteção de Dados Pessoais e da Privacidade composto por vinte e três representantes dos seguintes órgãos:

i. seis do Poder Executivo federal;

ii. um do Senado Federal;

iii. um da Câmara dos Deputados;

iv. um do Conselho Nacional de Justiça;

v. um do Conselho Nacional do Ministério Público;

vi. um do Comitê Gestor da Internet no Brasil;

vii. quatro de entidades da sociedade civil com atuação comprovada em proteção de dados pessoais;

viii. quatro de instituições científicas, tecnológicas e de inovação; e

ix.   quatro de entidades representativas do setor empresarial relacionado à área de tratamento de dados pessoais.

Os integrantes da sociedade civil, instituições científicas, tecnológicas e de inovação e do setor empresarial, serão indicados na forma de regulamento, terão mandato de dois anos, com uma recondução e não poderão ser membros do Comitê Gestor da Internet no Brasil, vez que esse já possui integrante próprio. Os demais serão indicados pelos respectivos órgãos e designados pelo Presidente da República e, curiosamente, não possuem prazo de mandato predefinido, tal como estava na redação original, o que retira ainda mais transparência e autonomia à ANPD.

De todo modo, o Conselho possui um caráter meramente consultivo, com as seguintes competências:

i.   propor diretrizes estratégicas e fornecer subsídios para a elaboração da Política Nacional de Proteção de Dados Pessoais e da Privacidade e para a atuação da ANPD;

ii.   elaborar relatórios anuais de avaliação da execução das ações da Política Nacional de Proteção de Dados Pessoais e da Privacidade;

iii.   sugerir ações a serem realizadas pela ANPD;

iv.   realizar estudos e debates sobre a proteção de dados pessoais e da privacidade; e

v.   disseminar o conhecimento sobre proteção de dados pessoais e da privacidade à população em geral.

VIII. CONCLUSÃO

Como vimos na análise do histórico legislativo sobre o tema privacidade, em todo o mundo a privacidade é um valor que não foi abandonado na era da informação, tendo, ao contrário, sido fortalecido diante de inúmeras denúncias de utilizações invasivas e indevidas sem que o titular tivesse qualquer controle sobre o fluxo de suas informações, as quais passaram a ser usadas até mesmo com finalidades ideológicas e políticas, sendo muitas vezes os titulares submetidos a pesquisas de perfis comportamentais sem qualquer aviso prévio, os quais podem até mesmo terem sido utilizados com efetividade em processos eleitorais, como no Brexit, nas eleições americanas e também nas eleições brasileiras.

O modelo legislativo de proteção aos dados pessoais visa um equilíbrio entre o uso massivo de informações pessoais pelos novos negócios na era digital e a privacidade, buscando não proibir sua utilização, mas garantir um mínimo de controle ao titular.

A efetividade da lei no decorrer dos anos dependerá de uma autoridade nacional que trace diretrizes diante dos desafios que serão impostos pelas constantes inovações tecnológicas, sob pena de se tornar obsoleta e, logo, surgirem ideias de novas alterações legislativas, dando uma enorme insegurança ao ecossistema de inovação. Espera-se que essa autoridade venha dotada de autonomia para que os princípios previstos na lei sejam implementados sem óbices à competividade do país no cenário global.

Proteger a privacidade é um caminho sem volta para as organizações serem competitivas, haja vista que cada vez mais os cidadãos e consumidores estão exigindo zelo e maior transparência no uso dos dados pessoais. Quem não cuidar de seus clientes, perderá mercado para aqueles que buscarem se adequar. O caminho está traçado e as regras de implementação das boas práticas já existem. As organizações apenas precisam observar que não se trata de uma medida de determinada área da empresa, como informática, mas de toda a corporação. Sem a participação da alta hierarquia, nenhum programa de adequação será efetivo.

IX. Sobre o Autor

Rafael Fernandes Maciel, é advogado formado pela PUC-GO em 2002 e desde os tempos da faculdade voltou-se à prática do Direito Digital, na época mais reconhecido como Direito Eletrônico. Trabalhou desde a infância nos fóruns, sendo parte em Uberaba-MG e outra já em Goiânia.

Com atuação profissional por mais de 17 anos, escreveu inúmeros artigos, publicados nos mais variados meios, bem outra obra em coautoria. Natural de Uberaba – MG, assentou raízes definitivas em Goiânia – GO, por volta de 1999. Casado com Luciana Nogueira e Silva Maciel é pai de Caetana Nogueira e Silva Maciel e de Maria Rita Nogueira e Silva Maciel.

Currículo:

- Especializado em Direito Empresarial pela Fundação Getúlio Vargas.
- MBA em Mìdias Digitais pelo IPOG e em Direito Eletrônico pela Florida Christian University
- Atual presidente do Instituto Goiano de Direito Digital - IGDD.
- Com curso de Governança da Internet promovido pelo CGI.br (2014).
- Coautor da obra Direito & Internet III: Marco Civil da internet (Lei n. 12.965/2014) Tomo II. 1. ed. São Paulo: Quartier Latin, 2015. v. 2. 686p com o tema:

A Requisição Judicial de Registros de Conexão e Aplicações no Marco Civil.

- Comentarista do Observatório do Marco Civil da Internet (www.omci.org.br)
- Certificado em Privacy and Data Protection pela Exin.
- Membro da IAPP – International Association of Privacy Professionals.
- Lattes: http://lattes.cnpq.br/5699942756742076

X. Redes sociais do Autor

Para acompanhar novos lançamentos e cursos, acesse as redes sociais do autor:

Facebook: https://www.facebook.com/rfmaciel

Instagram: @rafaelfmaciel

Linkedin: http://linkedin.com/in/rafaelfmaciel

Twitter: @rafaelfmaciel

XI. Referências bibliográficas

BIONI, Bruno. Proteção de Dados Pessoais - A Função e os Limites do Consentimento. Editora Forense. 2018.

COTS, Marcio. Lei Geral de Proteção de Dados Pessoais Comentada. Editora Revista dos Tribunais. 2018.

https://www.ipc.on.ca/wp-content/uploads/resources/7foundationalprinciples.pdf. Acessado em 01 de abril de 2019.

ORWELL, George. 1984. Companhia das Letras. 2009.
SCHERTEL MENDES, Laura. O Direito Fundamental à proteção de dados pessoais. Revista de Direito do Consumidor, vol. 79/2011. Editora RT.

SIMAS, Jaqueline. Google é multado em 50 milhoes de euros na França por violação ao GDPR. https://www.jota.info/opiniao-e-analise/artigos/google-e-multado-em-50-milhoes-de-euros-na-franca-por-violacao-ao-gdpr-24012019 Acessado em 05/04/2019.

WARREN, Samuel. BRANDEIS, Louis. Right to privacy. *Harvard Law Review*, Vol. 4, No. 5. (Dec. 15, 1890), pp. 193-220.https://www.cs.cornell.edu/~shmat/courses/cs5436/warren-brandeis.pdf. Acessado em 05/04/2019

WILHELM, Ernst-Oliver. A brief history of the General Data Protection Regulation. In IAPP. https://iapp.org/resources/article/a-brief-history-of-the-general-data-protection-regulation/ Acessado em 05/04/2019.

Vários autores. Direito & Internet III: Marco Civil da internet (Lei n. 12.965/2014) Tomo I e II. 1. ed. São Paulo: Quartier Latin, 2015.

XII. ANEXO I – Íntegra da Lei nº 13.709/18. Atualizada com a MP 869

LEI Nº 13.709, DE 14 DE AGOSTO DE 2018.

Dispõe sobre a proteção de dados pessoais e altera a Lei nº 12.965, de 23 de abril de 2014 (Marco Civil da Internet).

O PRESIDENTE DA REPÚBLICA Faço saber que o Congresso Nacional decreta e eu sanciono a seguinte Lei:

CAPÍTULO I
DISPOSIÇÕES PRELIMINARES

Art. 1º Esta Lei dispõe sobre o tratamento de dados pessoais, inclusive nos meios digitais, por pessoa natural ou por pessoa jurídica de direito público ou privado, com o objetivo de proteger os direitos fundamentais de liberdade e de privacidade e o livre desenvolvimento da personalidade da pessoa natural.

Art. 2º A disciplina da proteção de dados pessoais tem como fundamentos:

I - o respeito à privacidade;

II - a autodeterminação informativa;

III - a liberdade de expressão, de informação, de comunicação e de opinião;

IV - a inviolabilidade da intimidade, da honra e da imagem;

V - o desenvolvimento econômico e tecnológico e a inovação;

VI - a livre iniciativa, a livre concorrência e a defesa do consumidor; e

VII - os direitos humanos, o livre desenvolvimento da personalidade, a dignidade e o exercício da cidadania pelas pessoas naturais.

Art. 3º Esta Lei aplica-se a qualquer operação de tratamento realizada por pessoa natural ou por pessoa jurídica de direito público ou privado, independentemente do meio, do país de sua sede ou do país onde estejam localizados os dados, desde que:

I - a operação de tratamento seja realizada no território nacional;

II - a atividade de tratamento tenha por objetivo a oferta ou o fornecimento de bens ou serviços ou o tratamento de dados de indivíduos localizados no território nacional; ou (Redação dada pela Medida Provisória nº 869, de 2018)

III - os dados pessoais objeto do tratamento tenham sido coletados no território nacional.

§ 1º Consideram-se coletados no território nacional os dados pessoais cujo titular nele se encontre no momento da coleta.

§ 2º Excetua-se do disposto no inciso I deste artigo o tratamento de dados previsto no inciso IV do caput do art. 4º desta Lei.

Art. 4º Esta Lei não se aplica ao tratamento de dados pessoais:

I - realizado por pessoa natural para fins exclusivamente particulares e não econômicos;

II - realizado para fins exclusivamente:

a) jornalístico e artísticos; ou

b) acadêmicos; (Redação dada pela Medida Provisória nº 869, de 2018)

III - realizado para fins exclusivos de:

a) segurança pública;

b) defesa nacional;

c) segurança do Estado; ou

d) atividades de investigação e repressão de infrações penais; ou

IV - provenientes de fora do território nacional e que não sejam objeto de comunicação, uso compartilhado de dados com agentes de tratamento brasileiros ou objeto de transferência internacional de dados com outro país que não o de proveniência, desde que o país de proveniência proporcione grau de proteção de dados pessoais adequado ao previsto nesta Lei.

§ 1º O tratamento de dados pessoais previsto no inciso III será regido por legislação específica, que deverá prever medidas proporcionais e estritamente necessárias ao atendimento do interesse público, observados o devido processo legal, os princípios gerais de proteção e os direitos do titular previstos nesta Lei.

§ 2º O tratamento dos dados a que se refere o inciso III do caput por pessoa jurídica de direito privado só será admitido em procedimentos sob a tutela de pessoa jurídica de direito público, hipótese na qual será observada a limitação de que trata o § 3º. (Redação dada pela Medida Provisória nº 869, de 2018)

§ 3º Os dados pessoais constantes de bancos de dados constituídos para os fins de que trata o inciso III do caput não poderão ser tratados em sua totalidade por pessoas jurídicas de direito privado, não incluídas as controladas pelo Poder Público. (Redação dada pela Medida Provisória nº 869, de 2018)

Art. 5º Para os fins desta Lei, considera-se:

I - dado pessoal: informação relacionada a pessoa natural identificada ou identificável;

II - dado pessoal sensível: dado pessoal sobre origem racial ou étnica, convicção religiosa, opinião política, filiação a sindicato ou a organização de caráter religioso, filosófico ou político, dado referente à saúde ou à vida sexual, dado genético ou biométrico, quando vinculado a uma pessoa natural;

III - dado anonimizado: dado relativo a titular que não possa ser identificado, considerando a utilização de meios técnicos razoáveis e disponíveis na ocasião de seu tratamento;

IV - banco de dados: conjunto estruturado de dados pessoais, estabelecido em um ou em vários locais, em suporte eletrônico ou físico;

V - titular: pessoa natural a quem se referem os dados pessoais que são objeto de tratamento;

VI - controlador: pessoa natural ou jurídica, de direito público ou privado, a quem competem as decisões referentes ao tratamento de dados pessoais;

VII - operador: pessoa natural ou jurídica, de direito público ou privado, que realiza o tratamento de dados pessoais em nome do controlador;

VIII - encarregado: pessoa indicada pelo controlador para atuar como canal de comunicação entre o controlador, os titulares dos dados e a Autoridade Nacional de Proteção de Dados; (Redação dada pela Medida Provisória n° 869, de 2018)

IX - agentes de tratamento: o controlador e o operador;

X - tratamento: toda operação realizada com dados pessoais, como as que se referem a coleta, produção, recepção, classificação, utilização, acesso, reprodução, transmissão, distribuição, processamento, arquivamento, armazenamento, eliminação, avaliação ou controle da informação, modificação, comunicação, transferência, difusão ou extração;

XI - anonimização: utilização de meios técnicos razoáveis e disponíveis no momento do tratamento, por meio dos quais um dado perde a possibilidade de associação, direta ou indireta, a um indivíduo;

XII - consentimento: manifestação livre, informada e inequívoca pela qual o titular concorda com o tratamento de seus dados pessoais para uma finalidade determinada;

XIII - bloqueio: suspensão temporária de qualquer operação de tratamento, mediante guarda do dado pessoal ou do banco de dados;

XIV - eliminação: exclusão de dado ou de conjunto de dados armazenados em banco de dados, independentemente do procedimento empregado;

XV - transferência internacional de dados: transferência de dados pessoais para país estrangeiro ou organismo internacional do qual o país seja membro;

XVI - uso compartilhado de dados: comunicação, difusão, transferência internacional, interconexão de dados pessoais ou tratamento compartilhado de bancos de dados pessoais por órgãos e entidades públicos no cumprimento de suas competências legais, ou entre esses e entes privados, reciprocamente, com autorização específica, para uma ou mais modalidades de tratamento permitidas por esses entes públicos, ou entre entes privados;

XVII - relatório de impacto à proteção de dados pessoais: documentação do controlador que contém a descrição dos processos de tratamento de dados pessoais que podem gerar riscos às liberdades civis e aos direitos fundamentais, bem como medidas, salvaguardas e mecanismos de mitigação de risco;

XVIII - órgão de pesquisa: órgão ou entidade da administração pública direta ou indireta ou pessoa jurídica de direito privado sem fins lucrativos legalmente constituída sob as leis brasileiras, com sede e foro no País, que inclua em sua missão institucional ou em seu objetivo social ou estatutário a pesquisa básica ou aplicada de caráter histórico, científico, tecnológico ou estatístico; e (Redação dada pela Medida Provisória n° 869, de 2018)

XIX - autoridade nacional: órgão da administração pública responsável por zelar, implementar e fiscalizar o cumprimento desta Lei. **(Redação dada pela Medida Provisória n° 869, de 2018)**

Art. 6° As atividades de tratamento de dados pessoais deverão observar a boa-fé e os seguintes princípios:

I - finalidade: realização do tratamento para propósitos legítimos, específicos, explícitos e informados ao titular, sem possibilidade de tratamento posterior de forma incompatível com essas finalidades;

II - adequação: compatibilidade do tratamento com as finalidades informadas ao titular, de acordo com o contexto do tratamento;

III - necessidade: limitação do tratamento ao mínimo necessário para a realização de suas finalidades, com abrangência dos dados pertinentes, proporcionais e não excessivos em relação às finalidades do tratamento de dados;

IV - livre acesso: garantia, aos titulares, de consulta facilitada e gratuita sobre a forma e a duração do tratamento, bem como sobre a integralidade de seus dados pessoais;

V - qualidade dos dados: garantia, aos titulares, de exatidão, clareza, relevância e atualização dos dados, de acordo com a necessidade e para o cumprimento da finalidade de seu tratamento;

VI - transparência: garantia, aos titulares, de informações claras, precisas e facilmente acessíveis sobre a realização do tratamento e os respectivos agentes de tratamento, observados os segredos comercial e industrial;

VII - segurança: utilização de medidas técnicas e administrativas aptas a proteger os dados pessoais de acessos não autorizados e de situações acidentais ou ilícitas de destruição, perda, alteração, comunicação ou difusão;

VIII - prevenção: adoção de medidas para prevenir a ocorrência de danos em virtude do tratamento de dados pessoais;

IX - não discriminação: impossibilidade de realização do tratamento para fins discriminatórios ilícitos ou abusivos;

X - responsabilização e prestação de contas: demonstração, pelo agente, da adoção de medidas eficazes e capazes de comprovar a observância e o cumprimento das normas de proteção de dados pessoais e, inclusive, da eficácia dessas medidas.

CAPÍTULO II
DO TRATAMENTO DE DADOS PESSOAIS
Seção I
Dos Requisitos para o Tratamento de Dados Pessoais

Art. 7º O tratamento de dados pessoais somente poderá ser realizado nas seguintes hipóteses:

I - mediante o fornecimento de consentimento pelo titular;

II - para o cumprimento de obrigação legal ou regulatória pelo controlador;

III - pela administração pública, para o tratamento e uso compartilhado de dados necessários à execução de políticas públicas previstas em leis e regulamentos ou respaldadas em contratos, convênios ou instrumentos congêneres, observadas as disposições do Capítulo IV desta Lei;

IV - para a realização de estudos por órgão de pesquisa, garantida, sempre que possível, a anonimização dos dados pessoais;

V - quando necessário para a execução de contrato ou de procedimentos preliminares relacionados a contrato do qual seja parte o titular, a pedido do titular dos dados;

VI - para o exercício regular de direitos em processo judicial, administrativo ou arbitral, esse último nos termos da Lei n° 9.307, de 23 de setembro de 1996 (Lei de Arbitragem) ;

VII - para a proteção da vida ou da incolumidade física do titular ou de terceiro;

VIII - para a tutela da saúde, em procedimento realizado por profissionais da área da saúde ou por entidades sanitárias;

IX - quando necessário para atender aos interesses legítimos do controlador ou de terceiro, exceto no caso de prevalecerem direitos e liberdades fundamentais do titular que exijam a proteção dos dados pessoais; ou

X - para a proteção do crédito, inclusive quanto ao disposto na legislação pertinente.

§ 3° O tratamento de dados pessoais cujo acesso é público deve considerar a finalidade, a boa-fé e o interesse público que justificaram sua disponibilização.

§ 4° É dispensada a exigência do consentimento previsto no caput deste artigo para os dados tornados manifestamente públicos pelo titular, resguardados os direitos do titular e os princípios previstos nesta Lei.

§ 5° O controlador que obteve o consentimento referido no inciso I do caput deste artigo que necessitar comunicar ou compartilhar dados pessoais com outros controladores deverá obter consentimento específico do titular para esse fim, ressalvadas as hipóteses de dispensa do consentimento previstas nesta Lei.

§ 6° A eventual dispensa da exigência do consentimento não desobriga os agentes de tratamento das demais obrigações previstas nesta Lei, especialmente da observância dos princípios gerais e da garantia dos direitos do titular.

Art. 8º O consentimento previsto no inciso I do art. 7º desta Lei deverá ser fornecido por escrito ou por outro meio que demonstre a manifestação de vontade do titular.

§ 1º Caso o consentimento seja fornecido por escrito, esse deverá constar de cláusula destacada das demais cláusulas contratuais.

§ 2º Cabe ao controlador o ônus da prova de que o consentimento foi obtido em conformidade com o disposto nesta Lei.

§ 3º É vedado o tratamento de dados pessoais mediante vício de consentimento.

§ 4º O consentimento deverá referir-se a finalidades determinadas, e as autorizações genéricas para o tratamento de dados pessoais serão nulas.

§ 5º O consentimento pode ser revogado a qualquer momento mediante manifestação expressa do titular, por procedimento gratuito e facilitado, ratificados os tratamentos realizados sob amparo do consentimento anteriormente manifestado enquanto não houver requerimento de eliminação, nos termos do inciso VI docaput do art. 18 desta Lei.

§ 6º Em caso de alteração de informação referida nos incisos I, II, III ou V do art. 9º desta Lei, o controlador deverá informar ao titular, com destaque de forma específica do teor das alterações, podendo o titular, nos casos em que o seu consentimento é exigido, revogá-lo caso discorde da alteração.

Art. 9º O titular tem direito ao acesso facilitado às informações sobre o tratamento de seus dados, que deverão ser disponibilizadas de forma clara, adequada e ostensiva acerca de, entre outras características previstas em regulamentação para o atendimento do princípio do livre acesso:

I - finalidade específica do tratamento;

II - forma e duração do tratamento, observados os segredos comercial e industrial;

III - identificação do controlador;

IV - informações de contato do controlador;

V - informações acerca do uso compartilhado de dados pelo controlador e a finalidade;

VI - responsabilidades dos agentes que realizarão o tratamento; e

VII - direitos do titular, com menção explícita aos direitos contidos no art. 18 desta Lei.

§ 1º Na hipótese em que o consentimento é requerido, esse será considerado nulo caso as informações fornecidas ao titular tenham conteúdo enganoso ou abusivo ou não tenham sido apresentadas previamente com transparência, de forma clara e inequívoca.

§ 2º Na hipótese em que o consentimento é requerido, se houver mudanças da finalidade para o tratamento de dados pessoais não compatíveis com o consentimento original, o controlador deverá informar previamente o titular sobre as mudanças de finalidade, podendo o titular revogar o consentimento, caso discorde das alterações.

§ 3º Quando o tratamento de dados pessoais for condição para o fornecimento de produto ou de serviço ou para o exercício de direito, o titular será informado com destaque sobre esse fato e sobre os meios pelos quais poderá exercer os direitos do titular elencados no art. 18 desta Lei.

Art. 10. O legítimo interesse do controlador somente poderá fundamentar tratamento de dados pessoais para finalidades legítimas, consideradas a partir de situações concretas, que incluem, mas não se limitam a:

I - apoio e promoção de atividades do controlador; e

II - proteção, em relação ao titular, do exercício regular de seus direitos ou prestação de serviços que o beneficiem, respeitadas as legítimas expectativas dele e os direitos e liberdades fundamentais, nos termos desta Lei.

§ 1º Quando o tratamento for baseado no legítimo interesse do controlador, somente os dados pessoais estritamente necessários para a finalidade pretendida poderão ser tratados.

§ 2º O controlador deverá adotar medidas para garantir a transparência do tratamento de dados baseado em seu legítimo interesse.

§ 3º A autoridade nacional poderá solicitar ao controlador relatório de impacto à proteção de dados pessoais, quando o tratamento tiver como fundamento seu interesse legítimo, observados os segredos comercial e industrial.

Seção II

Do Tratamento de Dados Pessoais Sensíveis

Art. 11. O tratamento de dados pessoais sensíveis somente poderá ocorrer nas seguintes hipóteses:

I - quando o titular ou seu responsável legal consentir, de forma específica e destacada, para finalidades específicas;

II - sem fornecimento de consentimento do titular, nas hipóteses em que for indispensável para:

a) cumprimento de obrigação legal ou regulatória pelo controlador;

b) tratamento compartilhado de dados necessários à execução, pela administração pública, de políticas públicas previstas em leis ou regulamentos;

c) realização de estudos por órgão de pesquisa, garantida, sempre que possível, a anonimização dos dados pessoais sensíveis;

d) exercício regular de direitos, inclusive em contrato e em processo judicial, administrativo e arbitral, este último nos termos da Lei nº 9.307, de 23 de setembro de 1996 (Lei de Arbitragem) ;

e) proteção da vida ou da incolumidade física do titular ou de terceiro;

f) tutela da saúde, em procedimento realizado por profissionais da área da saúde ou por entidades sanitárias; ou

g) garantia da prevenção à fraude e à segurança do titular, nos processos de identificação e autenticação de cadastro em sistemas eletrônicos, resguardados os direitos mencionados no art. 9º desta Lei e exceto no caso de prevalecerem direitos e liberdades fundamentais do titular que exijam a proteção dos dados pessoais.

§ 1º Aplica-se o disposto neste artigo a qualquer tratamento de dados pessoais que revele dados pessoais sensíveis e que possa causar dano ao titular, ressalvado o disposto em legislação específica.

§ 2º Nos casos de aplicação do disposto nas alíneas "a" e "b" do inciso II do caput deste artigo pelos órgãos e pelas entidades públicas, será dada publicidade à referida dispensa de consentimento, nos termos do inciso I do caput do art. 23 desta Lei.

§ 3º A comunicação ou o uso compartilhado de dados pessoais sensíveis entre controladores com objetivo de obter vantagem econômica poderá ser objeto de vedação ou de regulamentação por parte da autoridade nacional, ouvidos os órgãos setoriais do Poder Público, no âmbito de suas competências.

§ 4º É vedada a comunicação ou o uso compartilhado entre controladores de dados pessoais sensíveis referentes à saúde com objetivo de obter vantagem econômica, exceto nas hipóteses de: (Redação dada pela Medida Provisória nº 869, de 2018)

I - portabilidade de dados quando consentido pelo titular; ou (Incluído pela Medida Provisória nº 869, de 2018)

II - necessidade de comunicação para a adequada prestação de serviços de saúde suplementar. (Incluído pela Medida Provisória nº 869, de 2018)

Art. 12. Os dados anonimizados não serão considerados dados pessoais para os fins desta Lei, salvo quando o processo de anonimização ao qual foram submetidos for revertido, utilizando exclusivamente meios próprios, ou quando, com esforços razoáveis, puder ser revertido.

§ 1º A determinação do que seja razoável deve levar em consideração fatores objetivos, tais como custo e tempo necessários para reverter o processo de anonimização, de acordo com as tecnologias disponíveis, e a utilização exclusiva de meios próprios.

§ 2º Poderão ser igualmente considerados como dados pessoais, para os fins desta Lei, aqueles utilizados para formação do perfil comportamental de determinada pessoa natural, se identificada.

§ 3º A autoridade nacional poderá dispor sobre padrões e técnicas utilizados em processos de anonimização e realizar verificações acerca de sua segurança, ouvido o Conselho Nacional de Proteção de Dados Pessoais.

Art. 13. Na realização de estudos em saúde pública, os órgãos de pesquisa poderão ter acesso a bases de dados pessoais, que serão tratados exclusivamente dentro do órgão e estritamente para a finalidade de realização de estudos e pesquisas e mantidos em ambiente controlado e seguro, conforme práticas de segurança previstas em regulamento específico e que incluam, sempre que possível, a anonimização ou pseudonimização dos dados, bem como considerem os devidos padrões éticos relacionados a estudos e pesquisas.

§ 1º A divulgação dos resultados ou de qualquer excerto do estudo ou da pesquisa de que trata o caput deste artigo em nenhuma hipótese poderá revelar dados pessoais.

§ 2º O órgão de pesquisa será o responsável pela segurança da informação prevista no caput deste artigo, não permitida, em circunstância alguma, a transferência dos dados a terceiro.

§ 3º O acesso aos dados de que trata este artigo será objeto de regulamentação por parte da autoridade nacional e das autoridades da área de saúde e sanitárias, no âmbito de suas competências.

§ 4º Para os efeitos deste artigo, a pseudonimização é o tratamento por meio do qual um dado perde a possibilidade de associação, direta ou indireta, a um indivíduo, senão pelo uso de informação adicional mantida separadamente pelo controlador em ambiente controlado e seguro.

Seção III

Do Tratamento de Dados Pessoais de Crianças e de Adolescentes

Art. 14. O tratamento de dados pessoais de crianças e de adolescentes deverá ser realizado em seu melhor interesse, nos termos deste artigo e da legislação pertinente.

§ 1º O tratamento de dados pessoais de crianças deverá ser realizado com o consentimento específico e em destaque dado por pelo menos um dos pais ou pelo responsável legal.

§ 2º No tratamento de dados de que trata o § 1º deste artigo, os controladores deverão manter pública a informação sobre os tipos de dados coletados, a forma de sua utilização e os procedimentos para o exercício dos direitos a que se refere o art. 18 desta Lei.

§ 3º Poderão ser coletados dados pessoais de crianças sem o consentimento a que se refere o § 1º deste artigo quando a coleta for necessária para contatar os pais ou o responsável legal, utilizados uma única vez e sem armazenamento, ou para sua proteção, e em nenhum caso poderão ser repassados a terceiro sem o consentimento de que trata o § 1º deste artigo.

§ 4º Os controladores não deverão condicionar a participação dos titulares de que trata o § 1º deste artigo em jogos, aplicações de internet ou outras atividades ao fornecimento de informações pessoais além das estritamente necessárias à atividade.

§ 5º O controlador deve realizar todos os esforços razoáveis para verificar que o consentimento a que se refere o § 1º deste artigo foi dado pelo responsável pela criança, consideradas as tecnologias disponíveis.

§ 6º As informações sobre o tratamento de dados referidas neste artigo deverão ser fornecidas de maneira simples, clara e acessível, consideradas as características físico-motoras, perceptivas, sensoriais, intelectuais e mentais do usuário, com uso de recursos audiovisuais quando adequado, de forma a proporcionar a informação necessária aos pais ou ao responsável legal e adequada ao entendimento da criança.

Seção IV
Do Término do Tratamento de Dados

Art. 15. O término do tratamento de dados pessoais ocorrerá nas seguintes hipóteses:

I - verificação de que a finalidade foi alcançada ou de que os dados deixaram de ser necessários ou pertinentes ao alcance da finalidade específica almejada;

II - fim do período de tratamento;

III - comunicação do titular, inclusive no exercício de seu direito de revogação do consentimento conforme disposto no § 5º do art. 8º desta Lei, resguardado o interesse público; ou

IV - determinação da autoridade nacional, quando houver violação ao disposto nesta Lei.

Art. 16. Os dados pessoais serão eliminados após o término de seu tratamento, no âmbito e nos limites técnicos das atividades, autorizada a conservação para as seguintes finalidades:

I - cumprimento de obrigação legal ou regulatória pelo controlador;

II - estudo por órgão de pesquisa, garantida, sempre que possível, a anonimização dos dados pessoais;

III - transferência a terceiro, desde que respeitados os requisitos de tratamento de dados dispostos nesta Lei; ou

IV - uso exclusivo do controlador, vedado seu acesso por terceiro, e desde que anonimizados os dados.

CAPÍTULO III
DOS DIREITOS DO TITULAR

Art. 17. Toda pessoa natural tem assegurada a titularidade de seus dados pessoais e garantidos os direitos fundamentais de liberdade, de intimidade e de privacidade, nos termos desta Lei.

Art. 18. O titular dos dados pessoais tem direito a obter do controlador, em relação aos dados do titular por ele tratados, a qualquer momento e mediante requisição:

I - confirmação da existência de tratamento;

II - acesso aos dados;

III - correção de dados incompletos, inexatos ou desatualizados;

IV - anonimização, bloqueio ou eliminação de dados desnecessários, excessivos ou tratados em desconformidade com o disposto nesta Lei;

V - portabilidade dos dados a outro fornecedor de serviço ou produto, mediante requisição expressa e observados os segredos comercial e industrial, de acordo com a regulamentação do órgão controlador;

VI - eliminação dos dados pessoais tratados com o consentimento do titular, exceto nas hipóteses previstas no art. 16 desta Lei;

VII - informação das entidades públicas e privadas com as quais o controlador realizou uso compartilhado de dados;

VIII - informação sobre a possibilidade de não fornecer consentimento e sobre as consequências da negativa;

IX - revogação do consentimento, nos termos do § 5º do art. 8º desta Lei.

§ 1º O titular dos dados pessoais tem o direito de peticionar em relação aos seus dados contra o controlador perante a autoridade nacional.

§ 2º O titular pode opor-se a tratamento realizado com fundamento em uma das hipóteses de dispensa de consentimento, em caso de descumprimento ao disposto nesta Lei.

§ 3º Os direitos previstos neste artigo serão exercidos mediante requerimento expresso do titular ou de representante legalmente constituído, a agente de tratamento.

§ 4º Em caso de impossibilidade de adoção imediata da providência de que trata o § 3º deste artigo, o controlador enviará ao titular resposta em que poderá:

I - comunicar que não é agente de tratamento dos dados e indicar, sempre que possível, o agente; ou

II - indicar as razões de fato ou de direito que impedem a adoção imediata da providência.

§ 5º O requerimento referido no § 3º deste artigo será atendido sem custos para o titular, nos prazos e nos termos previstos em regulamento.

§ 6º O responsável deverá informar de maneira imediata aos agentes de tratamento com os quais tenha realizado uso compartilhado de dados a correção, a eliminação, a anonimização ou o bloqueio dos dados, para que repitam idêntico procedimento.

§ 7º A portabilidade dos dados pessoais a que se refere o inciso V do caput deste artigo não inclui dados que já tenham sido anonimizados pelo controlador.

§ 8º O direito a que se refere o § 1º deste artigo também poderá ser exercido perante os organismos de defesa do consumidor.

Art. 19. A confirmação de existência ou o acesso a dados pessoais serão providenciados, mediante requisição do titular:

I - em formato simplificado, imediatamente; ou

II - por meio de declaração clara e completa, que indique a origem dos dados, a inexistência de registro, os critérios utilizados e a finalidade do tratamento, observados os segredos comercial e industrial, fornecida no prazo de até 15 (quinze) dias, contado da data do requerimento do titular.

§ 1º Os dados pessoais serão armazenados em formato que favoreça o exercício do direito de acesso.

§ 2º As informações e os dados poderão ser fornecidos, a critério do titular:

I - por meio eletrônico, seguro e idôneo para esse fim; ou

II - sob forma impressa.

§ 3º Quando o tratamento tiver origem no consentimento do titular ou em contrato, o titular poderá solicitar cópia eletrônica integral de seus dados pessoais, observados os segredos comercial e industrial, nos termos de regulamentação da autoridade nacional, em formato que permita a sua utilização subsequente, inclusive em outras operações de tratamento.

§ 4º A autoridade nacional poderá dispor de forma diferenciada acerca dos prazos previstos nos incisos I e II do caput deste artigo para os setores específicos.

Art. 20. O titular dos dados tem direito a solicitar a revisão de decisões tomadas unicamente com base em tratamento automatizado de dados pessoais que afetem seus interesses, incluídas as decisões destinadas a definir o seu perfil pessoal, profissional, de consumo e de crédito ou os aspectos de sua personalidade.(Redação dada pela Medida Provisória nº 869, de 2018)

§ 1º O controlador deverá fornecer, sempre que solicitadas, informações claras e adequadas a respeito dos critérios e dos procedimentos utilizados para a decisão automatizada, observados os segredos comercial e industrial.

§ 2º Em caso de não oferecimento de informações de que trata o § 1º deste artigo baseado na observância de segredo comercial e industrial, a autoridade nacional poderá realizar auditoria para verificação de aspectos discriminatórios em tratamento automatizado de dados pessoais.

Art. 21. Os dados pessoais referentes ao exercício regular de direitos pelo titular não podem ser utilizados em seu prejuízo.

Art. 22. A defesa dos interesses e dos direitos dos titulares de dados poderá ser exercida em juízo, individual ou coletivamente, na forma do disposto na legislação pertinente, acerca dos instrumentos de tutela individual e coletiva.

CAPÍTULO IV

DO TRATAMENTO DE DADOS PESSOAIS PELO PODER PÚBLICO

Seção I

Das Regras

Art. 23. O tratamento de dados pessoais pelas pessoas jurídicas de direito público referidas no parágrafo único do **art. 1º da Lei nº 12.527, de 18 de novembro de 2011 (Lei de Acesso à Informação)**, deverá ser realizado para o atendimento de sua finalidade pública, na persecução do interesse público, com o objetivo de executar as competências legais ou cumprir as atribuições legais do serviço público, desde que:

I - sejam informadas as hipóteses em que, no exercício de suas competências, realizam o tratamento de dados pessoais, fornecendo informações claras e atualizadas sobre a previsão legal, a finalidade, os procedimentos e as práticas utilizadas para a execução dessas atividades, em veículos de fácil acesso, preferencialmente em seus sítios eletrônicos;

II - (VETADO); e

III - seja indicado um encarregado quando realizarem operações de tratamento de dados pessoais, nos termos do art. 39 desta Lei.

§ 1º A autoridade nacional poderá dispor sobre as formas de publicidade das operações de tratamento.

§ 2º O disposto nesta Lei não dispensa as pessoas jurídicas mencionadas no caput deste artigo de instituir as autoridades de que trata a Lei nº 12.527, de 18 de novembro de 2011 (Lei de Acesso à Informação) .

§ 3º Os prazos e procedimentos para exercício dos direitos do titular perante o Poder Público observarão o disposto em legislação específica, em especial as disposições constantes da Lei nº 9.507, de 12 de novembro de 1997 (Lei do Habeas Data) , da Lei nº 9.784, de 29 de janeiro de 1999 (Lei Geral do Processo Administrativo) , e da Lei nº 12.527, de 18 de novembro de 2011 (Lei de Acesso à Informação) .

§ 4° Os serviços notariais e de registro exercidos em caráter privado, por delegação do Poder Público, terão o mesmo tratamento dispensado às pessoas jurídicas referidas no caput deste artigo, nos termos desta Lei.

§ 5° Os órgãos notariais e de registro devem fornecer acesso aos dados por meio eletrônico para a administração pública, tendo em vista as finalidades de que trata o caput deste artigo.

Art. 24. As empresas públicas e as sociedades de economia mista que atuam em regime de concorrência, sujeitas ao disposto no art. 173 da Constituição Federal, terão o mesmo tratamento dispensado às pessoas jurídicas de direito privado particulares, nos termos desta Lei.

Parágrafo único. As empresas públicas e as sociedades de economia mista, quando estiverem operacionalizando políticas públicas e no âmbito da execução delas, terão o mesmo tratamento dispensado aos órgãos e às entidades do Poder Público, nos termos deste Capítulo.

Art. 25. Os dados deverão ser mantidos em formato interoperável e estruturado para o uso compartilhado, com vistas à execução de políticas públicas, à prestação de serviços públicos, à descentralização da atividade pública e à disseminação e ao acesso das informações pelo público em geral.

Art. 26. O uso compartilhado de dados pessoais pelo Poder Público deve atender a finalidades específicas de execução de políticas públicas e atribuição legal pelos órgãos e pelas entidades públicas, respeitados os princípios de proteção de dados pessoais elencados no art. 6° desta Lei.

§ 1° É vedado ao Poder Público transferir a entidades privadas dados pessoais constantes de bases de dados a que tenha acesso, exceto:

I - em casos de execução descentralizada de atividade pública que exija a transferência, exclusivamente para esse fim específico e determinado, observado o disposto na Lei nº 12.527, de 18 de novembro de 2011 (Lei de Acesso à Informação) ;

II - (VETADO);

III - se for indicado um encarregado para as operações de tratamento de dados pessoais, nos termos do art. 39; (Redação dada pela Medida Provisória nº 869, de 2018)

IV - quando houver previsão legal ou a transferência for respaldada em contratos, convênios ou instrumentos congêneres; (Incluído pela Medida Provisória nº 869, de 2018)

V - na hipótese de a transferência dos dados objetivar a prevenção de fraudes e irregularidades, ou proteger e resguardar a segurança e a integridade do titular dos dados; ou (Incluído pela Medida Provisória nº 869, de 2018)

VI - nos casos em que os dados forem acessíveis publicamente, observadas as disposições desta Lei. (Incluído pela Medida Provisória nº 869, de 2018)

§ 2º Os contratos e convênios de que trata o § 1º deste artigo deverão ser comunicados à autoridade nacional.

Art. 27. A comunicação ou o uso compartilhado de dados pessoais de pessoa jurídica de direito público a pessoa jurídica de direito privado dependerá de consentimento do titular, exceto: (Redação dada pela Medida Provisória nº 869, de 2018)

I - nas hipóteses de dispensa de consentimento previstas nesta Lei;

II - nos casos de uso compartilhado de dados, em que será dada publicidade nos termos do inciso I do caput do art. 23 desta Lei; ou

III - nas exceções constantes do § 1º do art. 26 desta Lei.

Art. 28. (VETADO).

Art. 29. A autoridade nacional poderá solicitar, a qualquer momento, aos órgãos e às entidades do Poder Público a realização de operações de tratamento de dados pessoais, as informações específicas sobre o âmbito e a natureza dos dados e outros detalhes do tratamento realizado e poderá emitir parecer técnico complementar para garantir o cumprimento desta Lei. (Redação dada pela Medida Provisória nº 869, de 2018)

Art. 30. A autoridade nacional poderá estabelecer normas complementares para as atividades de comunicação e de uso compartilhado de dados pessoais.

Seção II
Da Responsabilidade

Art. 31. Quando houver infração a esta Lei em decorrência do tratamento de dados pessoais por órgãos públicos, a autoridade nacional poderá enviar informe com medidas cabíveis para fazer cessar a violação.

Art. 32. A autoridade nacional poderá solicitar a agentes do Poder Público a publicação de relatórios de impacto à proteção de dados pessoais e sugerir a adoção de padrões e de boas práticas para os tratamentos de dados pessoais pelo Poder Público.

CAPÍTULO V
DA TRANSFERÊNCIA INTERNACIONAL DE DADOS

Art. 33. A transferência internacional de dados pessoais somente é permitida nos seguintes casos:

I - para países ou organismos internacionais que proporcionem grau de proteção de dados pessoais adequado ao previsto nesta Lei;

II - quando o controlador oferecer e comprovar garantias de cumprimento dos princípios, dos direitos do titular e do regime de proteção de dados previstos nesta Lei, na forma de:

a) cláusulas contratuais específicas para determinada transferência;

b) cláusulas-padrão contratuais;

c) normas corporativas globais;

d) selos, certificados e códigos de conduta regularmente emitidos;

III - quando a transferência for necessária para a cooperação jurídica internacional entre órgãos públicos de inteligência, de investigação e de persecução, de acordo com os instrumentos de direito internacional;

IV - quando a transferência for necessária para a proteção da vida ou da incolumidade física do titular ou de terceiro;

V - quando a autoridade nacional autorizar a transferência;

VI - quando a transferência resultar em compromisso assumido em acordo de cooperação internacional;

VII - quando a transferência for necessária para a execução de política pública ou atribuição legal do serviço público, sendo dada publicidade nos termos do inciso I do caput do art. 23 desta Lei;

VIII - quando o titular tiver fornecido o seu consentimento específico e em destaque para a transferência, com informação prévia sobre o caráter internacional da operação, distinguindo claramente esta de outras finalidades; ou

IX - quando necessário para atender as hipóteses previstas nos incisos II, V e VI do art. 7º desta Lei.

Parágrafo único. Para os fins do inciso I deste artigo, as pessoas jurídicas de direito público referidas no parágrafo único do **art. 1º da Lei nº 12.527, de 18 de novembro de 2011 (Lei de Acesso à Informação)** , no âmbito de suas competências legais, e responsáveis, no âmbito de suas atividades, poderão requerer à autoridade nacional a avaliação do nível de proteção a dados pessoais conferido por país ou organismo internacional.

Art. 34. O nível de proteção de dados do país estrangeiro ou do organismo internacional mencionado no inciso I do caput do art. 33 desta Lei será avaliado pela autoridade nacional, que levará em consideração:

I - as normas gerais e setoriais da legislação em vigor no país de destino ou no organismo internacional;

II - a natureza dos dados;

III - a observância dos princípios gerais de proteção de dados pessoais e direitos dos titulares previstos nesta Lei;

IV - a adoção de medidas de segurança previstas em regulamento;

V - a existência de garantias judiciais e institucionais para o respeito aos direitos de proteção de dados pessoais; e

VI - outras circunstâncias específicas relativas à transferência.

Art. 35. A definição do conteúdo de cláusulas-padrão contratuais, bem como a verificação de cláusulas contratuais específicas para uma determinada transferência, normas corporativas globais ou selos, certificados e códigos de conduta, a que se refere o inciso II do caput do art. 33 desta Lei, será realizada pela autoridade nacional.

§ 1º Para a verificação do disposto no caput deste artigo, deverão ser considerados os requisitos, as condições e as garantias mínimas para a transferência que observem os direitos, as garantias e os princípios desta Lei.

§ 2º Na análise de cláusulas contratuais, de documentos ou de normas corporativas globais submetidas à aprovação da autoridade nacional, poderão ser requeridas informações suplementares ou realizadas diligências de verificação quanto às operações de tratamento, quando necessário.

§ 3º A autoridade nacional poderá designar organismos de certificação para a realização do previsto no caput deste artigo, que permanecerão sob sua fiscalização nos termos definidos em regulamento.

§ 4º Os atos realizados por organismo de certificação poderão ser revistos pela autoridade nacional e, caso em desconformidade com esta Lei, submetidos a revisão ou anulados.

§ 5º As garantias suficientes de observância dos princípios gerais de proteção e dos direitos do titular referidas no caput deste artigo serão também analisadas de acordo com as medidas técnicas e organizacionais adotadas pelo operador, de acordo com o previsto nos §§ 1º e 2º do art. 46 desta Lei.

Art. 36. As alterações nas garantias apresentadas como suficientes de observância dos princípios gerais de proteção e dos direitos do titular referidas no inciso II do art. 33 desta Lei deverão ser comunicadas à autoridade nacional.

CAPÍTULO VI

DOS AGENTES DE TRATAMENTO DE DADOS PESSOAIS

Seção I

Do Controlador e do Operador

Art. 37. O controlador e o operador devem manter registro das operações de tratamento de dados pessoais que realizarem, especialmente quando baseado no legítimo interesse.

Art. 38. A autoridade nacional poderá determinar ao controlador que elabore relatório de impacto à proteção de dados pessoais, inclusive de dados sensíveis, referente a suas operações de tratamento de dados, nos termos de regulamento, observados os segredos comercial e industrial.

Parágrafo único. Observado o disposto no caput deste artigo, o relatório deverá conter, no mínimo, a descrição dos tipos de dados coletados, a metodologia utilizada para a coleta e para a garantia da segurança das informações e a análise do controlador com relação a medidas, salvaguardas e mecanismos de mitigação de risco adotados.

Art. 39. O operador deverá realizar o tratamento segundo as instruções fornecidas pelo controlador, que verificará a observância das próprias instruções e das normas sobre a matéria.

Art. 40. A autoridade nacional poderá dispor sobre padrões de interoperabilidade para fins de portabilidade, livre acesso aos dados e segurança, assim como sobre o tempo de guarda dos registros, tendo em vista especialmente a necessidade e a transparência.

Seção II
Do Encarregado pelo Tratamento de Dados Pessoais

Art. 41. O controlador deverá indicar encarregado pelo tratamento de dados pessoais.

§ 1º A identidade e as informações de contato do encarregado deverão ser divulgadas publicamente, de forma clara e objetiva, preferencialmente no sítio eletrônico do controlador.

§ 2º As atividades do encarregado consistem em:

I - aceitar reclamações e comunicações dos titulares, prestar esclarecimentos e adotar providências;

II - receber comunicações da autoridade nacional e adotar providências;

III - orientar os funcionários e os contratados da entidade a respeito das práticas a serem tomadas em relação à proteção de dados pessoais; e

IV - executar as demais atribuições determinadas pelo controlador ou estabelecidas em normas complementares.

§ 3º A autoridade nacional poderá estabelecer normas complementares sobre a definição e as atribuições do encarregado, inclusive hipóteses de dispensa da necessidade de sua indicação, conforme a natureza e o porte da entidade ou o volume de operações de tratamento de dados.

Seção III

Da Responsabilidade e do Ressarcimento de Danos

Art. 42. O controlador ou o operador que, em razão do exercício de atividade de tratamento de dados pessoais, causar a outrem dano patrimonial, moral, individual ou coletivo, em violação à legislação de proteção de dados pessoais, é obrigado a repará-lo.

§ 1º A fim de assegurar a efetiva indenização ao titular dos dados:

I - o operador responde solidariamente pelos danos causados pelo tratamento quando descumprir as obrigações da legislação de proteção de dados ou quando não tiver seguido as instruções lícitas do controlador, hipótese em que o operador equipara-se ao controlador, salvo nos casos de exclusão previstos no art. 43 desta Lei;

II - os controladores que estiverem diretamente envolvidos no tratamento do qual decorreram danos ao titular dos dados respondem solidariamente, salvo nos casos de exclusão previstos no art. 43 desta Lei.

§ 2º O juiz, no processo civil, poderá inverter o ônus da prova a favor do titular dos dados quando, a seu juízo, for verossímil a alegação, houver hipossuficiência para fins de produção de prova ou quando a produção de prova pelo titular resultar-lhe excessivamente onerosa.

§ 3º As ações de reparação por danos coletivos que tenham por objeto a responsabilização nos termos do caput deste artigo podem ser exercidas coletivamente em juízo, observado o disposto na legislação pertinente.

§ 4º Aquele que reparar o dano ao titular tem direito de regresso contra os demais responsáveis, na medida de sua participação no evento danoso.

Art. 43. Os agentes de tratamento só não serão responsabilizados quando provarem:

I - que não realizaram o tratamento de dados pessoais que lhes é atribuído;

II - que, embora tenham realizado o tratamento de dados pessoais que lhes é atribuído, não houve violação à legislação de proteção de dados; ou

III - que o dano é decorrente de culpa exclusiva do titular dos dados ou de terceiro.

Art. 44. O tratamento de dados pessoais será irregular quando deixar de observar a legislação ou quando não fornecer a segurança que o titular dele pode esperar, consideradas as circunstâncias relevantes, entre as quais:

I - o modo pelo qual é realizado;

II - o resultado e os riscos que razoavelmente dele se esperam;

III - as técnicas de tratamento de dados pessoais disponíveis à época em que foi realizado.

Parágrafo único. Responde pelos danos decorrentes da violação da segurança dos dados o controlador ou o operador que, ao deixar de adotar as medidas de segurança previstas no art. 46 desta Lei, der causa ao dano.

Art. 45. As hipóteses de violação do direito do titular no âmbito das relações de consumo permanecem sujeitas às regras de responsabilidade previstas na legislação pertinente.

CAPÍTULO VII
DA SEGURANÇA E DAS BOAS PRÁTICAS
Seção I
Da Segurança e do Sigilo de Dados

Art. 46. Os agentes de tratamento devem adotar medidas de segurança, técnicas e administrativas aptas a proteger os dados pessoais de acessos não autorizados e de situações acidentais ou ilícitas de destruição, perda, alteração, comunicação ou qualquer forma de tratamento inadequado ou ilícito.

§ 1º A autoridade nacional poderá dispor sobre padrões técnicos mínimos para tornar aplicável o disposto no caput deste artigo, considerados a natureza das informações tratadas, as características específicas do tratamento e o estado atual da tecnologia, especialmente no caso de dados pessoais sensíveis, assim como os princípios previstos no caput do art. 6º desta Lei.

§ 2º As medidas de que trata o caput deste artigo deverão ser observadas desde a fase de concepção do produto ou do serviço até a sua execução.

Art. 47. Os agentes de tratamento ou qualquer outra pessoa que intervenha em uma das fases do tratamento obriga-se a garantir a segurança da informação prevista nesta Lei em relação aos dados pessoais, mesmo após o seu término.

Art. 48. O controlador deverá comunicar à autoridade nacional e ao titular a ocorrência de incidente de segurança que possa acarretar risco ou dano relevante aos titulares.

§ 1º A comunicação será feita em prazo razoável, conforme definido pela autoridade nacional, e deverá mencionar, no mínimo:

I - a descrição da natureza dos dados pessoais afetados;

II - as informações sobre os titulares envolvidos;

III - a indicação das medidas técnicas e de segurança utilizadas para a proteção dos dados, observados os segredos comercial e industrial;

IV - os riscos relacionados ao incidente;

V - os motivos da demora, no caso de a comunicação não ter sido imediata; e

VI - as medidas que foram ou que serão adotadas para reverter ou mitigar os efeitos do prejuízo.

§ 2º A autoridade nacional verificará a gravidade do incidente e poderá, caso necessário para a salvaguarda dos direitos dos titulares, determinar ao controlador a adoção de providências, tais como:

I - ampla divulgação do fato em meios de comunicação; e

II - medidas para reverter ou mitigar os efeitos do incidente.

§ 3º No juízo de gravidade do incidente, será avaliada eventual comprovação de que foram adotadas medidas técnicas adequadas que tornem os dados pessoais afetados ininteligíveis, no âmbito e nos limites técnicos de seus serviços, para terceiros não autorizados a acessá-los.

Art. 49. Os sistemas utilizados para o tratamento de dados pessoais devem ser estruturados de forma a atender aos requisitos de segurança, aos padrões de boas práticas e de governança e aos princípios gerais previstos nesta Lei e às demais normas regulamentares.

Seção II

Das Boas Práticas e da Governança

Art. 50. Os controladores e operadores, no âmbito de suas competências, pelo tratamento de dados pessoais, individualmente ou por meio de associações, poderão formular regras de boas práticas e de governança que estabeleçam as condições de organização, o regime de funcionamento, os procedimentos, incluindo reclamações e petições de titulares, as normas de segurança, os padrões técnicos, as obrigações específicas para os diversos envolvidos no tratamento, as ações educativas, os mecanismos internos de supervisão e de mitigação de riscos e outros aspectos relacionados ao tratamento de dados pessoais.

§ 1º Ao estabelecer regras de boas práticas, o controlador e o operador levarão em consideração, em relação ao tratamento e aos dados, a natureza, o escopo, a finalidade e a probabilidade e a gravidade dos riscos e dos benefícios decorrentes de tratamento de dados do titular.

§ 2º Na aplicação dos princípios indicados nos incisos VII e VIII do caput do art. 6º desta Lei, o controlador, observados a estrutura, a escala e o volume de suas operações, bem como a sensibilidade dos dados tratados e a probabilidade e a gravidade dos danos para os titulares dos dados, poderá:

I - implementar programa de governança em privacidade que, no mínimo:

a) demonstre o comprometimento do controlador em adotar processos e políticas internas que assegurem o cumprimento, de forma abrangente, de normas e boas práticas relativas à proteção de dados pessoais;

b) seja aplicável a todo o conjunto de dados pessoais que estejam sob seu controle, independentemente do modo como se realizou sua coleta;

c) seja adaptado à estrutura, à escala e ao volume de suas operações, bem como à sensibilidade dos dados tratados;

d) estabeleça políticas e salvaguardas adequadas com base em processo de avaliação sistemática de impactos e riscos à privacidade;

e) tenha o objetivo de estabelecer relação de confiança com o titular, por meio de atuação transparente e que assegure mecanismos de participação do titular;

f) esteja integrado a sua estrutura geral de governança e estabeleça e aplique mecanismos de supervisão internos e externos;

g) conte com planos de resposta a incidentes e remediação; e

h) seja atualizado constantemente com base em informações obtidas a partir de monitoramento contínuo e avaliações periódicas;

II - demonstrar a efetividade de seu programa de governança em privacidade quando apropriado e, em especial, a pedido da autoridade nacional ou de outra entidade responsável por promover o cumprimento de boas práticas ou códigos de conduta, os quais, de forma independente, promovam o cumprimento desta Lei.

§ 3º As regras de boas práticas e de governança deverão ser publicadas e atualizadas periodicamente e poderão ser reconhecidas e divulgadas pela autoridade nacional.

Art. 51. A autoridade nacional estimulará a adoção de padrões técnicos que facilitem o controle pelos titulares dos seus dados pessoais.

CAPÍTULO VIII

DA FISCALIZAÇÃO

Seção I

Das Sanções Administrativas

Art. 52. Os agentes de tratamento de dados, em razão das infrações cometidas às normas previstas nesta Lei, ficam sujeitos às seguintes sanções administrativas aplicáveis pela autoridade nacional:

I - advertência, com indicação de prazo para adoção de medidas corretivas;

II - multa simples, de até 2% (dois por cento) do faturamento da pessoa jurídica de direito privado, grupo ou conglomerado no Brasil no seu último exercício, excluídos os tributos, limitada, no total, a R$ 50.000.000,00 (cinquenta milhões de reais) por infração;

III - multa diária, observado o limite total a que se refere o inciso II;

IV - publicização da infração após devidamente apurada e confirmada a sua ocorrência;

V - bloqueio dos dados pessoais a que se refere a infração até a sua regularização;

VI - eliminação dos dados pessoais a que se refere a infração;

VII - (VETADO);

VIII - (VETADO);

IX - (VETADO).

§ 1º As sanções serão aplicadas após procedimento administrativo que possibilite a oportunidade da ampla defesa, de forma gradativa, isolada ou cumulativa, de acordo com as peculiaridades do caso concreto e considerados os seguintes parâmetros e critérios:

I - a gravidade e a natureza das infrações e dos direitos pessoais afetados;

II - a boa-fé do infrator;

III - a vantagem auferida ou pretendida pelo infrator;

IV - a condição econômica do infrator;

V - a reincidência;

VI - o grau do dano;

VII - a cooperação do infrator;

VIII - a adoção reiterada e demonstrada de mecanismos e procedimentos internos capazes de minimizar o dano, voltados ao tratamento seguro e adequado de dados, em consonância com o disposto no inciso II do § 2º do art. 48 desta Lei;

IX - a adoção de política de boas práticas e governança;

X - a pronta adoção de medidas corretivas; e

XI - a proporcionalidade entre a gravidade da falta e a intensidade da sanção.

§ 2º O disposto neste artigo não substitui a aplicação de sanções administrativas, civis ou penais definidas em legislação específica.

§ 3º O disposto nos incisos I, IV, V, VI, VII, VIII e IX do caput deste artigo poderá ser aplicado às entidades e aos órgãos públicos, sem prejuízo do disposto na **Lei nº 8.112, de 11 de dezembro de 1990 (Estatuto do Servidor Público Federal)** , na **Lei nº 8.429, de 2 de junho de 1992 (Lei de Improbidade Administrativa)**, e na **Lei nº 12.527, de 18 de novembro de 2011 (Lei de Acesso à Informação)** .

§ 4º No cálculo do valor da multa de que trata o inciso II do caput deste artigo, a autoridade nacional poderá considerar o faturamento total da empresa ou grupo de empresas, quando não dispuser do valor do faturamento no ramo de atividade empresarial em que ocorreu a infração, definido pela autoridade nacional, ou quando o valor for apresentado de forma incompleta ou não for demonstrado de forma inequívoca e idônea.

Art. 53. A autoridade nacional definirá, por meio de regulamento próprio sobre sanções administrativas a infrações a esta Lei, que deverá ser objeto de consulta pública, as metodologias que orientarão o cálculo do valor-base das sanções de multa.

§ 1º As metodologias a que se refere o caput deste artigo devem ser previamente publicadas, para ciência dos agentes de tratamento, e devem apresentar objetivamente as formas e dosimetrias para o cálculo do valor-base das sanções de multa, que deverão conter fundamentação detalhada de todos os seus elementos, demonstrando a observância dos critérios previstos nesta Lei.

§ 2º O regulamento de sanções e metodologias correspondentes deve estabelecer as circunstâncias e as condições para a adoção de multa simples ou diária.

Art. 54. O valor da sanção de multa diária aplicável às infrações a esta Lei deve observar a gravidade da falta e a extensão do dano ou prejuízo causado e ser fundamentado pela autoridade nacional.

Parágrafo único. A intimação da sanção de multa diária deverá conter, no mínimo, a descrição da obrigação imposta, o prazo razoável e estipulado pelo órgão para o seu cumprimento e o valor da multa diária a ser aplicada pelo seu descumprimento.

CAPÍTULO IX

DA AUTORIDADE NACIONAL DE PROTEÇÃO DE DADOS (ANPD) E DO CONSELHO NACIONAL DE PROTEÇÃO DE DADOS PESSOAIS E DA PRIVACIDADE

Seção I

Da Autoridade Nacional de Proteção de Dados (ANPD)

Art. 55. (VETADO).

Art. 55-A. Fica criada, sem aumento de despesa, a Autoridade Nacional de Proteção de Dados - ANPD, órgão da administração pública federal, integrante da Presidência da República. (Incluído pela Medida Provisória nº 869, de 2018)

Art. 55-B. É assegurada autonomia técnica à ANPD. (Incluído pela Medida Provisória nº 869, de 2018)

Art. 55-C. ANPD é composta por: (Incluído pela Medida Provisória nº 869, de 2018)

I - Conselho Diretor, órgão máximo de direção; (Incluído pela Medida Provisória nº 869, de 2018)

II - Conselho Nacional de Proteção de Dados Pessoais e da Privacidade; (Incluído pela Medida Provisória nº 869, de 2018)

III - Corregedoria; (Incluído pela Medida Provisória nº 869, de 2018)

IV - Ouvidoria; (Incluído pela Medida Provisória nº 869, de 2018)

V - órgão de assessoramento jurídico próprio; e (Incluído pela Medida Provisória nº 869, de 2018)

VI - unidades administrativas e unidades especializadas necessárias à aplicação do disposto nesta Lei." (Incluído pela Medida Provisória nº 869, de 2018)

Art. 55-D. O Conselho Diretor da ANPD será composto por cinco diretores, incluído o Diretor-Presidente. (Incluído pela Medida Provisória nº 869, de 2018)

§ 1º Os membros do Conselho Diretor da ANPD serão nomeados pelo Presidente da República e ocuparão cargo em comissão do Grupo-Direção e Assessoramento Superior - DAS de nível 5. (Incluído pela Medida Provisória nº 869, de 2018)

§ 2º Os membros do Conselho Diretor serão escolhidos dentre brasileiros, de reputação ilibada, com nível superior de educação e elevado conceito no campo de especialidade dos cargos para os quais serão nomeados. (Incluído pela Medida Provisória nº 869, de 2018)

§ 3º O mandato dos membros do Conselho Diretor será de quatro anos. (Incluído pela Medida Provisória nº 869, de 2018)

§ 4° Os mandatos dos primeiros membros do Conselho Diretor nomeados serão de dois, de três, de quatro, de cinco e de seis anos, conforme estabelecido no ato de nomeação. (Incluído pela Medida Provisória n° 869, de 2018)

§ 5° Na hipótese de vacância do cargo no curso do mandato de membro do Conselho Diretor, o prazo remanescente será completado pelo sucessor. (Incluído pela Medida Provisória n° 869, de 2018)

Art. 55-E. Os membros do Conselho Diretor somente perderão seus cargos em virtude de renúncia, condenação judicial transitada em julgado ou pena de demissão decorrente de processo administrativo disciplinar. (Incluído pela Medida Provisória n° 869, de 2018)

§ 1° Nos termos do caput, cabe ao Ministro de Estado Chefe da Casa Civil da Presidência da República instaurar o processo administrativo disciplinar, que será conduzido por comissão especial constituída por servidores públicos federais estáveis. (Incluído pela Medida Provisória n° 869, de 2018)

§ 2° Compete ao Presidente da República determinar o afastamento preventivo, caso necessário, e proferir o julgamento. (Incluído pela Medida Provisória n° 869, de 2018)

Art. 55-F. Aplica-se aos membros do Conselho Diretor, após o exercício do cargo, o disposto no art. 6° da Lei n° 12.813, de 16 de maio de 2013 . (Incluído pela Medida Provisória n° 869, de 2018)

Parágrafo único. A infração ao disposto no caput caracteriza ato de improbidade administrativa. (Incluído pela Medida Provisória n° 869, de 2018)

Art.55-G. Ato do Presidente da República disporá sobre a estrutura regimental da ANPD. (Incluído pela Medida Provisória n° 869, de 2018)

Parágrafo único. Até a data de entrada em vigor de sua estrutura regimental, a ANPD receberá o apoio técnico e administrativo da Casa Civil da Presidência da República para o exercício de suas atividades. (Incluído pela Medida Provisória nº 869, de 2018)

Art. 55-H. Os cargos em comissão e as funções de confiança da ANPD serão remanejados de outros órgãos e entidades do Poder Executivo federal. (Incluído pela Medida Provisória nº 869, de 2018)

Art. 55-I. Os ocupantes dos cargos em comissão e das funções de confiança da ANPD serão indicados pelo Conselho Diretor e nomeados ou designados pelo Diretor-Presidente. (Incluído pela Medida Provisória nº 869, de 2018)

Art. 55-J. Compete à ANPD: (Incluído pela Medida Provisória nº 869, de 2018)

I - zelar pela proteção dos dados pessoais; (Incluído pela Medida Provisória nº 869, de 2018)

II - editar normas e procedimentos sobre a proteção de dados pessoais; (Incluído pela Medida Provisória nº 869, de 2018)

III - deliberar, na esfera administrativa, sobre a interpretação desta Lei, suas competências e os casos omissos; (Incluído pela Medida Provisória nº 869, de 2018)

IV - requisitar informações, a qualquer momento, aos controladores e operadores de dados pessoais que realizem operações de tratamento de dados pessoais; (Incluído pela Medida Provisória nº 869, de 2018)

V - implementar mecanismos simplificados, inclusive por meio eletrônico, para o registro de reclamações sobre o tratamento de dados pessoais em desconformidade com esta Lei; (Incluído pela Medida Provisória nº 869, de 2018)

VI - fiscalizar e aplicar sanções na hipótese de tratamento de dados realizado em descumprimento à legislação, mediante processo administrativo que assegure o contraditório, a ampla defesa e o direito de recurso; (Incluído pela Medida Provisória nº 869, de 2018)

VII - comunicar às autoridades competentes as infrações penais das quais tiver conhecimento; (Incluído pela Medida Provisória nº 869, de 2018)

VIII - comunicar aos órgãos de controle interno o descumprimento do disposto nesta Lei praticado por órgãos e entidades da administração pública federal; (Incluído pela Medida Provisória nº 869, de 2018)

IX - difundir na sociedade o conhecimento sobre as normas e as políticas públicas de proteção de dados pessoais e sobre as medidas de segurança; (Incluído pela Medida Provisória nº 869, de 2018)

X - estimular a adoção de padrões para serviços e produtos que facilitem o exercício de controle e proteção dos titulares sobre seus dados pessoais, consideradas as especificidades das atividades e o porte dos controladores; (Incluído pela Medida Provisória nº 869, de 2018)

XI - elaborar estudos sobre as práticas nacionais e internacionais de proteção de dados pessoais e privacidade; (Incluído pela Medida Provisória nº 869, de 2018)

XII - promover ações de cooperação com autoridades de proteção de dados pessoais de outros países, de natureza internacional ou transnacional; (Incluído pela Medida Provisória nº 869, de 2018)

XIII - realizar consultas públicas para colher sugestões sobre temas de relevante interesse público na área de atuação da ANPD; (Incluído pela Medida Provisória nº 869, de 2018)

XIV - realizar, previamente à edição de resoluções, a oitiva de entidades ou órgãos da administração pública que sejam responsáveis pela regulação de setores específicos da atividade econômica; (Incluído pela Medida Provisória nº 869, de 2018)

XV - articular-se com as autoridades reguladoras públicas para exercer suas competências em setores específicos de atividades econômicas e governamentais sujeitas à regulação; e (Incluído pela Medida Provisória nº 869, de 2018)

XVI - elaborar relatórios de gestão anuais acerca de suas atividades. (Incluído pela Medida Provisória nº 869, de 2018)

§ 1º A ANPD, na edição de suas normas, deverá observar a exigência de mínima intervenção, assegurados os fundamentos e os princípios previstos nesta Lei e o disposto no art. 170 da Constituição. (Incluído pela Medida Provisória nº 869, de 2018)

§ 2º A ANPD e os órgãos e entidades públicos responsáveis pela regulação de setores específicos da atividade econômica e governamental devem coordenar suas atividades, nas correspondentes esferas de atuação, com vistas a assegurar o cumprimento de suas atribuições com a maior eficiência e promover o adequado funcionamento dos setores regulados, conforme legislação específica, e o tratamento de dados pessoais, na forma desta Lei. (Incluído pela Medida Provisória nº 869, de 2018)

§ 3º A ANPD manterá fórum permanente de comunicação, inclusive por meio de cooperação técnica, com órgãos e entidades da administração pública que sejam responsáveis pela regulação de setores específicos da atividade econômica e governamental, a fim de facilitar as competências regulatória, fiscalizatória e punitiva da ANPD. (Incluído pela Medida Provisória nº 869, de 2018)

§ 4º No exercício das competências de que trata o caput , a autoridade competente deverá zelar pela preservação do segredo empresarial e do sigilo das informações, nos termos da lei, sob pena de responsabilidade. (Incluído pela Medida Provisória nº 869, de 2018)

§ 5º As reclamações colhidas conforme o disposto no inciso V do caput poderão ser analisadas de forma agregada e as eventuais providências delas decorrentes poderão ser adotadas de forma padronizada. (Incluído pela Medida Provisória nº 869, de 2018)

Art. 55-K. A aplicação das sanções previstas nesta Lei compete exclusivamente à ANPD, cujas demais competências prevalecerão, no que se refere à proteção de dados pessoais, sobre as competências correlatas de outras entidades ou órgãos da administração pública. (Incluído pela Medida Provisória nº 869, de 2018)

Parágrafo único. A ANPD articulará sua atuação com o Sistema Nacional de Defesa do Consumidor do Ministério da Justiça e com outros órgãos e entidades com competências sancionatórias e normativas afetas ao tema de proteção de dados pessoais, e será o órgão central de interpretação desta Lei e do estabelecimento de normas e diretrizes para a sua implementação. (Incluído pela Medida Provisória nº 869, de 2018)

Art. 56. (VETADO).

Art. 5 7. (VETADO).

Seção II

Do Conselho Nacional de Proteção de Dados Pessoais e da Privacidade

Art. 58. (VETADO).

Art. 58-A. O Conselho Nacional de Proteção de Dados Pessoais e da Privacidade será composto por vinte e três representantes, titulares suplentes, dos seguintes órgãos: (Incluído pela Medida Provisória nº 869, de 2018)

I - seis do Poder Executivo federal; (Incluído pela Medida Provisória nº 869, de 2018)

II - um do Senado Federal; (Incluído pela Medida Provisória nº 869, de 2018)

III - um da Câmara dos Deputados; (Incluído pela Medida Provisória nº 869, de 2018)

IV - um do Conselho Nacional de Justiça; (Incluído pela Medida Provisória nº 869, de 2018)

V - um do Conselho Nacional do Ministério Público; (Incluído pela Medida Provisória nº 869, de 2018)

VI - um do Comitê Gestor da Internet no Brasil; (Incluído pela Medida Provisória nº 869, de 2018)

VII - quatro de entidades da sociedade civil com atuação comprovada em proteção de dados pessoais; (Incluído pela Medida Provisória nº 869, de 2018)

VIII - quatro de instituições científicas, tecnológicas e de inovação; e (Incluído pela Medida Provisória nº 869, de 2018)

IX - quatro de entidades representativas do setor empresarial relacionado à área de tratamento de dados pessoais. (Incluído pela Medida Provisória nº 869, de 2018)

§ 1º Os representantes serão designados pelo Presidente da República. (Incluído pela Medida Provisória nº 869, de 2018)

§ 2º Os representantes de que tratam os incisos I a VI do caput e seus suplentes serão indicados pelos titulares dos respectivos órgãos e entidades da administração pública. (Incluído pela Medida Provisória nº 869, de 2018)

§ 3º Os representantes de que tratam os incisos VII, VIII e IX do caput e seus suplentes: (Incluído pela Medida Provisória nº 869, de 2018)

I - serão indicados na forma de regulamento; (Incluído pela Medida Provisória nº 869, de 2018)

II - terão mandato de dois anos, permitida uma recondução; e (Incluído pela Medida Provisória nº 869, de 2018)

III - não poderão ser membros do Comitê Gestor da Internet no Brasil. (Incluído pela Medida Provisória nº 869, de 2018)

§ 4º A participação no Conselho Nacional de Proteção de Dados Pessoais e da Privacidade será considerada prestação de serviço público relevante, não remunerada. (Incluído pela Medida Provisória nº 869, de 2018)

Art. 58-B. Compete ao Conselho Nacional de Proteção de Dados Pessoais e da Privacidade: (Incluído pela Medida Provisória nº 869, de 2018)

I - propor diretrizes estratégicas e fornecer subsídios para a elaboração da Política Nacional de Proteção de Dados Pessoais e da Privacidade e para a atuação da ANPD; (Incluído pela Medida Provisória nº 869, de 2018)

II - elaborar relatórios anuais de avaliação da execução das ações da Política Nacional de Proteção de Dados Pessoais e da Privacidade; (Incluído pela Medida Provisória nº 869, de 2018)

III - sugerir ações a serem realizadas pela ANPD; (Incluído pela Medida Provisória nº 869, de 2018)

IV - elaborar estudos e realizar debates e audiências públicas sobre a proteção de dados pessoais e da privacidade; e (Incluído pela Medida Provisória nº 869, de 2018)

V - disseminar o conhecimento sobre a proteção de dados pessoais e da privacidade à população em geral. (Incluído pela Medida Provisória nº 869, de 2018)

Art. 59. (VETADO).

CAPÍTULO X

DISPOSIÇÕES FINAIS E TRANSITÓRIAS

Art. 60. A Lei n° 12.965, de 23 de abril de 2014 (Marco Civil da Internet) , passa a vigorar com as seguintes alterações:

"Art. 7° ....

X - exclusão definitiva dos dados pessoais que tiver fornecido a determinada aplicação de internet, a seu requerimento, ao término da relação entre as partes, ressalvadas as hipóteses de guarda obrigatória de registros previstas nesta Lei e na que dispõe sobre a proteção de dados pessoais;

........................." (NR)

"Art. 16. ....

II - de dados pessoais que sejam excessivos em relação à finalidade para a qual foi dado consentimento pelo seu titular, exceto nas hipóteses previstas na Lei que dispõe sobre a proteção de dados pessoais." (NR)

Art. 61. A empresa estrangeira será notificada e intimada de todos os atos processuais previstos nesta Lei, independentemente de procuração ou de disposição contratual ou estatutária, na pessoa do agente ou representante ou pessoa responsável por sua filial, agência, sucursal, estabelecimento ou escritório instalado no Brasil.

Art. 63. A autoridade nacional estabelecerá normas sobre a adequação progressiva de bancos de dados constituídos até a data de entrada em vigor desta Lei, consideradas a complexidade das operações de tratamento e a natureza dos dados.

Art. 64. Os direitos e princípios expressos nesta Lei não excluem outros previstos no ordenamento jurídico pátrio relacionados à matéria ou nos tratados internacionais em que a República Federativa do Brasil seja parte.

Art. 65. Esta Lei entra em vigor: (Redação dada pela Medida Provisória n° 869, de 2018)

I - quanto aos art. 55-A, art. 55-B, art. 55-C, art. 55-D, art. 55-E, art. 55-F, art. 55-G, art. 55-H, art. 55-I, art. 55-J, art. 55-K, art. 58-A e art. 58-B, no dia 28 de dezembro de 2018; e (Incluído pela Medida Provisória nº 869, de 2018)

II - vinte e quatro meses após a data de sua publicação quanto aos demais artigos. (Incluído pela Medida Provisória nº 869, de 2018)

Brasília , 14 de agosto de 2018; 197º da Independência e 130º da República.

MICHEL TEMER

Torquato Jardim

Aloysio Nunes Ferreira Filho

Eduardo Refinetti Guardia

Esteves Pedro Colnago Junior

Gilberto Magalhães Occhi

Gilberto Kassab

Wagner de Campos Rosário

Gustavo do Vale Rocha

Ilan Goldfajn

Raul Jungmann

Eliseu Padilha

Este texto não substitui o publicado no DOU de 15.8.2018, e republicado parcialmente em 15.8.2018 - Edição extra

XIII. Anexo II – Lei do Cadastro Positivo e alterações promovidas pela Lei Complementar nº 666 de 2019

LEI Nº 12.414, DE 9 DE JUNHO DE 2011.

Disciplina a formação e consulta a bancos de dados com informações de adimplemento, de pessoas naturais ou de pessoas jurídicas, para formação de histórico de crédito.

A PRESIDENTA DA REPÚBLICA Faço saber que o Congresso Nacional decreta e eu sanciono a seguinte Lei:

Art. 1o Esta Lei disciplina a formação e consulta a bancos de dados com informações de adimplemento, de pessoas naturais ou de pessoas jurídicas, para formação de histórico de crédito, sem prejuízo do disposto na Lei no 8.078, de 11 de setembro de 1990 - Código de Proteção e Defesa do Consumidor.

Parágrafo único. Os bancos de dados instituídos ou mantidos por pessoas jurídicas de direito público interno serão regidos por legislação específica.

Art. 2o Para os efeitos desta Lei, considera-se:

I - banco de dados: conjunto de dados relativo a pessoa natural ou jurídica armazenados com a finalidade de subsidiar a concessão de crédito, a realização de venda a prazo ou de outras transações comerciais e empresariais que impliquem risco financeiro;

II - gestor: pessoa jurídica responsável pela administração de banco de dados, bem como pela coleta, armazenamento, análise e acesso de terceiros aos dados armazenados;

III - cadastrado: pessoa natural ou jurídica que tenha autorizado inclusão de suas informações no banco de dados;

IV - fonte: pessoa natural ou jurídica que conceda crédito ou realize venda a prazo ou outras transações comerciais e empresariais que lhe impliquem risco financeiro;

V - consulente: pessoa natural ou jurídica que acesse informações em bancos de dados para qualquer finalidade permitida por esta Lei;

VI - anotação: ação ou efeito de anotar, assinalar, averbar, incluir, inscrever ou registrar informação relativa ao histórico de crédito em banco de dados; e

VII - histórico de crédito: conjunto de dados financeiros e de pagamentos relativos às operações de crédito e obrigações de pagamento adimplidas ou em andamento por pessoa natural ou jurídica.

Art. 3o Os bancos de dados poderão conter informações de adimplemento do cadastrado, para a formação do histórico de crédito, nas condições estabelecidas nesta Lei.

§ 1o Para a formação do banco de dados, somente poderão ser armazenadas informações objetivas, claras, verdadeiras e de fácil compreensão, que sejam necessárias para avaliar a situação econômica do cadastrado.

§ 2o Para os fins do disposto no § 1o, consideram-se informações:

I - objetivas: aquelas descritivas dos fatos e que não envolvam juízo de valor;

II - claras: aquelas que possibilitem o imediato entendimento do cadastrado independentemente de remissão a anexos, fórmulas, siglas, símbolos, termos técnicos ou nomenclatura específica;

III - verdadeiras: aquelas exatas, completas e sujeitas à comprovação nos termos desta Lei; e

IV - de fácil compreensão: aquelas em sentido comum que assegurem ao cadastrado o pleno conhecimento do conteúdo, do sentido e do alcance dos dados sobre ele anotados.

§ 3o Ficam proibidas as anotações de:

I - informações excessivas, assim consideradas aquelas que não estiverem vinculadas à análise de risco de crédito ao consumidor; e

II - informações sensíveis, assim consideradas aquelas pertinentes à origem social e étnica, à saúde, à informação genética, à orientação sexual e às convicções políticas, religiosas e filosóficas.

Art. 4o A abertura de cadastro requer autorização prévia do potencial cadastrado mediante consentimento informado por meio de assinatura em instrumento específico ou em cláusula apartada.

§ 1o Após a abertura do cadastro, a anotação de informação em banco de dados independe de autorização e de comunicação ao cadastrado.

§ 2o Atendido o disposto no caput, as fontes ficam autorizadas, nas condições estabelecidas nesta Lei, a fornecer aos bancos de dados as informações necessárias à formação do histórico das pessoas cadastradas.

§ 3o (VETADO).

Art. 5o São direitos do cadastrado:

I - obter o cancelamento do cadastro quando solicitado;

II - acessar gratuitamente as informações sobre ele existentes no banco de dados, inclusive o seu histórico, cabendo ao gestor manter sistemas seguros, por telefone ou por meio eletrônico, de consulta para informar as informações de adimplemento;

III - solicitar impugnação de qualquer informação sobre ele erroneamente anotada em banco de dados e ter, em até 7 (sete) dias, sua correção ou cancelamento e comunicação aos bancos de dados com os quais ele compartilhou a informação;

IV - conhecer os principais elementos e critérios considerados para a análise de risco, resguardado o segredo empresarial;

V - ser informado previamente sobre o armazenamento, a identidade do gestor do banco de dados, o objetivo do tratamento dos dados pessoais e os destinatários dos dados em caso de compartilhamento;

VI - solicitar ao consulente a revisão de decisão realizada exclusivamente por meios automatizados; e

VII - ter os seus dados pessoais utilizados somente de acordo com a finalidade para a qual eles foram coletados.

§ 1o (VETADO).

§ 2o (VETADO).

Art. 6o Ficam os gestores de bancos de dados obrigados, quando solicitados, a fornecer ao cadastrado:

I - todas as informações sobre ele constantes de seus arquivos, no momento da solicitação;

II - indicação das fontes relativas às informações de que trata o inciso I, incluindo endereço e telefone para contato;

III - indicação dos gestores de bancos de dados com os quais as informações foram compartilhadas;

IV - indicação de todos os consulentes que tiveram acesso a qualquer informação sobre ele nos 6 (seis) meses anteriores à solicitação; e

V - cópia de texto contendo sumário dos seus direitos, definidos em lei ou em normas infralegais pertinentes à sua relação com bancos de dados, bem como a lista dos órgãos governamentais aos quais poderá ele recorrer, caso considere que esses direitos foram infringidos.

§ 1o   É vedado aos gestores de bancos de dados estabelecerem políticas ou realizarem operações que impeçam, limitem ou dificultem o acesso do cadastrado previsto no inciso II do art. 5o.

§ 2o   O prazo para atendimento das informações estabelecidas nos incisos II, III, IV e V deste artigo será de 7 (sete) dias.

Art. 7o   As informações disponibilizadas nos bancos de dados somente poderão ser utilizadas para:

I - realização de análise de risco de crédito do cadastrado; ou

II - subsidiar a concessão ou extensão de crédito e a realização de venda a prazo ou outras transações comerciais e empresariais que impliquem risco financeiro ao consulente.

Parágrafo único. Cabe ao gestor manter sistemas seguros, por telefone ou por meio eletrônico, de consulta para informar aos consulentes as informações de adimplemento do cadastrado.

Art. 8o São obrigações das fontes:

I - manter os registros adequados para demonstrar que a pessoa natural ou jurídica autorizou o envio e a anotação de informações em bancos de dados;

II - comunicar os gestores de bancos de dados acerca de eventual exclusão ou revogação de autorização do cadastrado;

III - verificar e confirmar, ou corrigir, em prazo não superior a 2 (dois) dias úteis, informação impugnada, sempre que solicitado por gestor de banco de dados ou diretamente pelo cadastrado;

IV - atualizar e corrigir informações enviadas aos gestores de bancos de dados, em prazo não superior a 7 (sete) dias;

V - manter os registros adequados para verificar informações enviadas aos gestores de bancos de dados; e

VI - fornecer informações sobre o cadastrado, em bases não discriminatórias, a todos os gestores de bancos de dados que as solicitarem, no mesmo formato e contendo as mesmas informações fornecidas a outros bancos de dados.

Parágrafo único. É vedado às fontes estabelecerem políticas ou realizarem operações que impeçam, limitem ou dificultem a transmissão a banco de dados de informações de cadastrados que tenham autorizado a anotação de seus dados em bancos de dados.

Art. 9o O compartilhamento de informação de adimplemento só é permitido se autorizado expressamente pelo cadastrado, por meio de assinatura em instrumento específico ou em cláusula apartada.

§ 1o O gestor que receber informações por meio de compartilhamento equipara-se, para todos os efeitos desta Lei, ao gestor que anotou originariamente a informação, inclusive quanto à responsabilidade solidária por eventuais prejuízos causados e ao dever de receber e processar impugnação e realizar retificações.

§ 2o O gestor originário é responsável por manter atualizadas as informações cadastrais nos demais bancos de dados com os quais compartilhou informações, bem como por informar a solicitação de cancelamento do cadastro, sem quaisquer ônus para o cadastrado.

§ 3o O cancelamento do cadastro pelo gestor originário implica o cancelamento do cadastro em todos os bancos de dados que compartilharam informações, que ficam obrigados a proceder, individualmente, ao respectivo cancelamento nos termos desta Lei.

§ 4o O gestor deverá assegurar, sob pena de responsabilidade, a identificação da pessoa que promover qualquer inscrição ou atualização de dados relacionados com o cadastrado, registrando a data desta ocorrência, bem como a identificação exata da fonte, do nome do agente que a efetuou e do equipamento ou terminal a partir do qual foi processada tal ocorrência.

Art. 10. É proibido ao gestor exigir exclusividade das fontes de informações.

Art. 11. Desde que autorizados pelo cadastrado, os prestadores de serviços continuados de água, esgoto, eletricidade, gás e telecomunicações, dentre outros, poderão fornecer aos bancos de dados indicados, na forma do regulamento, informação sobre o adimplemento das obrigações financeiras do cadastrado.

Parágrafo único. É vedada a anotação de informação sobre serviço de telefonia móvel na modalidade pós-paga.

Art. 12. As instituições autorizadas a funcionar pelo Banco Central do Brasil fornecerão as informações relativas a suas operações de crédito, de arrendamento mercantil e de autofinanciamento realizadas por meio de grupos de consórcio e a outras operações com características de concessão de crédito somente aos gestores registrados no Banco Central do Brasil. (Redação dada pela Lei Complementar nº 166, de 2019)

§ 1o As informações referidas no caput devem compreender somente o histórico das operações de empréstimo e de financiamento realizadas pelo cliente.

§ 2o É proibido às instituições autorizadas a funcionar pelo Banco Central do Brasil estabelecer políticas ou realizar operações que impeçam, limitem ou dificultem a transmissão das informações bancárias de seu cliente a bancos de dados, quando por este autorizadas.

§ 3o O Conselho Monetário Nacional adotará as medidas e normas complementares necessárias para a aplicação do disposto neste artigo.

§ 4o (Vide LCP 166/2019)

§ 5o (Vide LCP 166/2019)

§ 6º O órgão administrativo competente poderá requerer aos gestores, na forma e no prazo que estabelecer, as informações necessárias para o desempenho das atribuições de que trata este artigo.   (Incluído pela Lei Complementar nº 166, de 2019)

§ 7o (Vide LCP 166/2019)

§ 8o (Vide LCP 166/2019)

Art. 13. O Poder Executivo regulamentará o disposto nesta Lei, em especial quanto ao uso, guarda, escopo e compartilhamento das informações recebidas por bancos de dados e quanto ao disposto no art. 5o.

Art. 14. As informações de adimplemento não poderão constar de bancos de dados por período superior a 15 (quinze) anos.

Art. 15. As informações sobre o cadastrado constantes dos bancos de dados somente poderão ser acessadas por consulentes que com ele mantiverem ou pretenderem manter relação comercial ou creditícia.

Art. 16. O banco de dados, a fonte e o consulente são responsáveis objetiva e solidariamente pelos danos materiais e morais que causarem ao cadastrado.

Art. 17. Nas situações em que o cadastrado for consumidor, caracterizado conforme a Lei nº 8.078, de 11 de setembro de 1990 - Código de Proteção e Defesa do Consumidor, aplicam-se as sanções e penas nela previstas e o disposto no § 2o.

§ 1o Nos casos previstos no caput, a fiscalização e a aplicação das sanções serão exercidas concorrentemente pelos órgãos de proteção e defesa do consumidor da União, dos Estados, do Distrito Federal e dos Municípios, nas respectivas áreas de atuação administrativa.

§ 2o Sem prejuízo do disposto no caput e no § 1o, os órgãos de proteção e defesa do consumidor poderão aplicar medidas corretivas, estabelecendo aos bancos de dados que descumprirem o previsto nesta Lei obrigações de fazer com que sejam excluídas do cadastro, no prazo de 7 (sete) dias, informações incorretas, bem como cancelados cadastros de pessoas que não autorizaram a abertura.

Art. 18. Esta Lei entra em vigor na data de sua publicação.

Brasília, 9 de junho de 2011; 190o da Independência e 123o da República.

DILMA ROUSSEFF

José Eduardo Cardozo

Guido Mantega

Este texto não substitui o publicado no DOU de 10.6.2011

LEI COMPLEMENTAR Nº 166, DE 8 DE ABRIL DE 2019

Altera a Lei Complementar nº 105, de 10 de janeiro de 2001, e a Lei nº 12.414, de 9 de junho de 2011, para dispor sobre os cadastros positivos de crédito e regular a responsabilidade civil dos operadores.

O PRESIDENTE DA REPÚBLICA Faço saber que o Congresso Nacional decreta e eu sanciono a seguinte Lei Complementar:

Art. 1o   O art. 1º da Lei Complementar nº 105, de 10 de janeiro de 2001, passa a vigorar com as seguintes alterações: (Vigência)

"Art.1º...

§3º...

VII - o fornecimento de dados financeiros e de pagamentos, relativos a operações de crédito e obrigações de pagamento adimplidas ou em andamento de pessoas naturais ou jurídicas, a gestores de bancos de dados, para formação de histórico de crédito, nos termos de lei específica.

......" (NR)

Art. 2º. A Lei nº 12.414, de 9 de junho de 2011, passa a vigorar com as seguintes alterações:

"Art. 2º ....

II - gestor: pessoa jurídica que atenda aos requisitos mínimos de funcionamento previstos nesta Lei e em regulamentação complementar, responsável pela administração de banco de dados, bem como pela coleta, pelo armazenamento, pela análise e pelo acesso de terceiros aos dados armazenados;

III - cadastrado: pessoa natural ou jurídica cujas informações tenham sido incluídas em banco de dados;

IV - fonte: pessoa natural ou jurídica que conceda crédito, administre operações de autofinanciamento ou realize venda a prazo ou outras transações comerciais e empresariais que lhe impliquem risco financeiro, inclusive as instituições autorizadas a funcionar pelo Banco Central do Brasil e os prestadores de serviços continuados de água, esgoto, eletricidade, gás, telecomunicações e assemelhados;

VII - histórico de crédito: conjunto de dados financeiros e de pagamentos, relativos às operações de crédito e obrigações de pagamento adimplidas ou em andamento por pessoa natural ou jurídica." (NR)

"Art. 4º O gestor está autorizado, nas condições estabelecidas nesta Lei, a:

I - abrir cadastro em banco de dados com informações de adimplemento de pessoas naturais e jurídicas;

II - fazer anotações no cadastro de que trata o inciso I do caput deste artigo;

III - compartilhar as informações cadastrais e de adimplemento armazenadas com outros bancos de dados; e

IV - disponibilizar a consulentes:

a) a nota ou pontuação de crédito elaborada com base nas informações de adimplemento armazenadas; e

b) o histórico de crédito, mediante prévia autorização específica do cadastrado.

§ 1º (Revogado).

§ 2º (Revogado).

§ 4° A comunicação ao cadastrado deve:

I - ocorrer em até 30 (trinta) dias após a abertura do cadastro no banco de dados, sem custo para o cadastrado;

II - ser realizada pelo gestor, diretamente ou por intermédio de fontes; e

III - informar de maneira clara e objetiva os canais disponíveis para o cancelamento do cadastro no banco de dados.

§ 5° Fica dispensada a comunicação de que trata o § 4° deste artigo caso o cadastrado já tenha cadastro aberto em outro banco de dados.

§ 6° Para o envio da comunicação de que trata o § 4° deste artigo, devem ser utilizados os dados pessoais, como endereço residencial, comercial, eletrônico, fornecidos pelo cadastrado à fonte.

§ 7° As informações do cadastrado somente poderão ser disponibilizadas a consulentes 60 (sessenta) dias após a abertura do cadastro, observado o disposto no § 8° deste artigo e no art. 15 desta Lei.

§ 8° É obrigação do gestor manter procedimentos adequados para comprovar a autenticidade e a validade da autorização de que trata a alínea b do inciso IV do caput deste artigo." (NR)

"Art. 5° ....

I - obter o cancelamento ou a reabertura do cadastro, quando solicitado;

II - acessar gratuitamente, independentemente de justificativa, as informações sobre ele existentes no banco de dados, inclusive seu histórico e sua nota ou pontuação de crédito, cabendo ao gestor manter sistemas seguros, por telefone ou por meio eletrônico, de consulta às informações pelo cadastrado;

III - solicitar a impugnação de qualquer informação sobre ele erroneamente anotada em banco de dados e ter, em até 10 (dez) dias, sua correção ou seu cancelamento em todos os bancos de dados que compartilharam a informação;

....

V - ser informado previamente sobre a identidade do gestor e sobre o armazenamento e o objetivo do tratamento dos dados pessoais;

....

§ 3º O prazo para disponibilização das informações de que tratam os incisos II e IV do caput deste artigo será de 10 (dez) dias.

§ 4º O cancelamento e a reabertura de cadastro somente serão processados mediante solicitação gratuita do cadastrado ao gestor.

§ 5º O cadastrado poderá realizar a solicitação de que trata o § 4º deste artigo a qualquer gestor de banco de dados, por meio telefônico, físico e eletrônico.

§ 6º O gestor que receber a solicitação de que trata o § 4º deste artigo é obrigado a, no prazo de até 2 (dois) dias úteis:

I - encerrar ou reabrir o cadastro, conforme solicitado; e

II - transmitir a solicitação aos demais gestores, que devem também atender, no mesmo prazo, à solicitação do cadastrado.

§ 7º O gestor deve proceder automaticamente ao cancelamento de pessoa natural ou jurídica que tenha manifestado previamente, por meio telefônico, físico ou eletrônico, a vontade de não ter aberto seu cadastro.

§ 8º O cancelamento de cadastro implica a impossibilidade de uso das informações do histórico de crédito pelos gestores, para os fins previstos nesta Lei, inclusive para a composição de nota ou pontuação de crédito de terceiros cadastrados, na forma do art. 7º-A desta Lei." (NR)

"Art. 6º ....

IV - indicação de todos os consulentes que tiveram acesso a qualquer informação sobre ele nos 6 (seis) meses anteriores à solicitação;

V - cópia de texto com o sumário dos seus direitos, definidos em lei ou em normas infralegais pertinentes à sua relação com gestores, bem como a lista dos órgãos governamentais aos quais poderá ele recorrer, caso considere que esses direitos foram infringidos; e

VI - confirmação de cancelamento do cadastro.

§ 2º O prazo para atendimento das informações de que tratam os incisos II, III, IV e V do caput deste artigo será de 10 (dez) dias." (NR)

"Art. 7º-A Nos elementos e critérios considerados para composição da nota ou pontuação de crédito de pessoa cadastrada em banco de dados de que trata esta Lei, não podem ser utilizadas informações:

I - que não estiverem vinculadas à análise de risco de crédito e aquelas relacionadas à origem social e étnica, à saúde, à informação genética, ao sexo e às convicções políticas, religiosas e filosóficas;

II - de pessoas que não tenham com o cadastrado relação de parentesco de primeiro grau ou de dependência econômica; e

III - relacionadas ao exercício regular de direito pelo cadastrado, previsto no inciso II do caput do art. 5º desta Lei.

§ 1º O gestor de banco de dados deve disponibilizar em seu sítio eletrônico, de forma clara, acessível e de fácil compreensão, a sua política de coleta e utilização de dados pessoais para fins de elaboração de análise de risco de crédito.

§ 2º A transparência da política de coleta e utilização de dados pessoais de que trata o § 1º deste artigo deve ser objeto de verificação, na forma de regulamentação a ser expedida pelo Poder Executivo."

"Art. 8º ....

I - (revogado);

II - (revogado);

....

IV - atualizar e corrigir informações enviadas aos gestores, em prazo não superior a 10 (dez) dias;

....

Parágrafo único. É vedado às fontes estabelecer políticas ou realizar operações que impeçam, limitem ou dificultem a transmissão a banco de dados de informações de cadastrados." (NR)

"Art. 9º O compartilhamento de informações de adimplemento entre gestores é permitido na forma do inciso III do caput do art. 4º desta Lei.

§ 1º O gestor que receber informação por meio de compartilhamento equipara-se, para todos os efeitos desta Lei, ao gestor que anotou originariamente a informação, inclusive quanto à responsabilidade por eventuais prejuízos a que der causa e ao dever de receber e processar impugnações ou cancelamentos e realizar retificações.

§ 2º O gestor originário é responsável por manter atualizadas as informações cadastrais nos demais bancos de dados com os quais compartilhou informações, sem nenhum ônus para o cadastrado.

§ 3º (Revogado).

...." (NR)

"Art. 12. As instituições autorizadas a funcionar pelo Banco Central do Brasil fornecerão as informações relativas a suas operações de crédito, de arrendamento mercantil e de autofinanciamento realizadas por meio de grupos de consórcio e a outras operações com características de concessão de crédito somente aos gestores registrados no Banco Central do Brasil.

§ 1º (Revogado).

§ 2º (Revogado).

....

§ 4º O compartilhamento de que trata o inciso III do caput do art. 4º desta Lei, quando referente a informações provenientes de instituições autorizadas a funcionar pelo Banco Central do Brasil, deverá ocorrer apenas entre gestores registrados na forma deste artigo.

§ 5º As infrações à regulamentação de que trata o § 3º deste artigo sujeitam o gestor ao cancelamento do seu registro no Banco Central do Brasil, assegurado o devido processo legal, na forma da Lei nº 9.784, de 29 de janeiro de 1999.

§ 6º O órgão administrativo competente poderá requerer aos gestores, na forma e no prazo que estabelecer, as informações necessárias para o desempenho das atribuições de que trata este artigo.

§ 7º Os gestores não se sujeitam à legislação aplicável às instituições financeiras e às demais instituições autorizadas a funcionar pelo Banco Central do Brasil, inclusive quanto às disposições sobre processo administrativo sancionador, regime de administração especial temporária, intervenção e liquidação extrajudicial.

§ 8º O disposto neste artigo não afasta a aplicação pelos órgãos integrantes do Sistema Nacional de Defesa do Consumidor (SNDC), na forma do art. 17 desta Lei, das penalidades cabíveis por violação das normas de proteção do consumidor." (NR)

"Art. 13. O Poder Executivo regulamentará o disposto nesta Lei, em especial quanto:

I - ao uso, à guarda, ao escopo e ao compartilhamento das informações recebidas por bancos de dados;

II - aos procedimentos aplicáveis aos gestores de banco de dados na hipótese de vazamento de informações dos cadastrados, inclusive com relação à comunicação aos órgãos responsáveis pela sua fiscalização, nos termos do § 1º do art. 17 desta Lei; e

III - ao disposto nos arts. 5º e 7º-A desta Lei." (NR)

"Art. 16. O banco de dados, a fonte e o consulente são responsáveis, objetiva e solidariamente, pelos danos materiais e morais que causarem ao cadastrado, nos termos da Lei nº 8.078, de 11 de setembro de 1990 (Código de Proteção e Defesa do Consumidor)." (NR)

"Art. 17. ....

§ 2º Sem prejuízo do disposto no caput e no § 1º deste artigo, os órgãos de proteção e defesa do consumidor poderão aplicar medidas corretivas e estabelecer aos bancos de dados que descumprirem o previsto nesta Lei a obrigação de excluir do cadastro informações incorretas, no prazo de 10 (dez) dias, bem como de cancelar os cadastros de pessoas que solicitaram o cancelamento, conforme disposto no inciso I do caput do art. 5º desta Lei." (NR)

"Art. 17-A. A quebra do sigilo previsto na Lei Complementar nº 105, de 10 de janeiro de 2001, sujeita os responsáveis às penalidades previstas no art. 10 da referida Lei, sem prejuízo do disposto na Lei nº 8.078, de 11 de setembro de 1990 (Código de Proteção e Defesa do Consumidor)."

Art. 3º Até 90 (noventa) dias após a data de publicação desta Lei Complementar, as instituições autorizadas a funcionar pelo Banco Central do Brasil fornecerão, quando solicitado pelo cliente, observadas as disposições da Lei nº 12.414, de 9 de junho de 2011, e de sua regulamentação, as informações relativas às suas operações de crédito aos bancos de dados em funcionamento, independentemente de registro do gestor no Banco Central do Brasil.

Art. 4º Até 90 (noventa) dias após a data de publicação desta Lei Complementar, os gestores de bancos de dados deverão realizar ampla divulgação das normas que disciplinam a inclusão no cadastro positivo, bem como da possibilidade e formas de cancelamento prévio previsto no § 7º do art. 5º da Lei nº 12.414, de 9 de junho de 2011.   (Vigência)

Art. 5º O Banco Central do Brasil deverá encaminhar ao Congresso Nacional, no prazo de até 24 (vinte e quatro) meses, contado da data de publicação desta Lei Complementar, relatório sobre os resultados alcançados com as alterações no cadastro positivo, com ênfase na ocorrência de redução ou aumento no spread bancário, para fins de reavaliação legislativa.

Art. 6º Ficam revogados os seguintes dispositivos da Lei nº 12.414, de 9 de junho de 2011:   (Vigência)

I - §§ 1º e 2º do art. 4º;

II - incisos I e II do caput do art. 8º;

III - § 3º do art. 9º;

IV - art. 11; e

V - §§ 1º e 2º do art. 12.

Art. 7º Esta Lei Complementar entra em vigor:

I - na data de sua publicação, quanto ao disposto:

a) no caput e no § 6º do art. 12 da Lei nº 12.414, de 9 de junho de 2011, com redação dada pelo art. 2º desta Lei Complementar; e

b) nos arts. 3º e 5º;

II - após decorridos 91 (noventa e um) dias de sua publicação oficial, quanto aos demais dispositivos.

Brasília, 8 de abril de 2019; 198o da Independência e 131o da República.

JAIR MESSIAS BOLSONARO

Sérgio Moro

Paulo Guedes

Roberto de Oliveira de Campos Neto

André Luiz de Almeida Mendonça

Este texto não substitui o publicado no DOU de 9.4.2019

www.ingramcontent.com/pod-product-compliance
Lightning Source LLC
Chambersburg PA
CBHW032018170526
45157CB00002B/747